Mao Lal

Zum Glück gibt's Gold

„Man muss das Wahre immer wiederholen, weil auch der Irrtum um uns herum immer wieder gepredigt wird, und zwar nicht von Einzelnen, sondern von der Masse, in Zeitungen und Enzyklopädien, an Schulen und Universitäten. Überall ist der Irrtum obenauf, und es ist ihm wohl und behaglich im Gefühl der Majorität, die auf seiner Seite ist."

Johann Wolfgang von Goethe

Mao Lal

Zum Glück gibt's Gold

Bibliografische Information der Deutschen Nationalbibliothek: Die Deutsche Nationalbibliothek verzeichnet diese Publikation in der Deutschen Nationalbiografie – detaillierte bibliografische Daten sind über www.d-nb.de im Internet abrufbar.

Alle Beispiele, Informationen, Anregungen und Tipps in diesem Buch basieren auf den Erkenntnissen sowie der Gesetzeslage zum Zeitpunkt der Drucklegung und wurden mit der größtmöglichen Sorgfalt zusammengestellt. Dabei wurde darauf geachtet, dass die gewählten Beispiele allgemein übertragbar sind. Trotz aller Sorgfalt sind Fehler jedoch nicht ganz auszuschließen. Weil sich in Einzelfällen und durch Änderungen von Gesetzen und Vorschriften eventuell andere Umstände ergeben können, ist jedoch eine Haftung von Verlag und Autor für Vermögensschäden aus der Anwendung der hier erteilten Ratschläge ausgeschlossen. Auch können Autor und Verlag weder eine Garantie noch irgendeine Haftung für Personen-, Sach- oder Vermögensschäden, die auf fehlerhafte Angaben in dieser Lehreinheit zurückzuführen sind, übernehmen.

Die UrheberInnen der in diesem Buch enthaltenen Sprüche, Zitate und Aphorismen sind genannt. Fehlen sie, dann waren sie nicht eindeutig feststellbar. Das gilt auch für Spruchweisheiten aus dem Volksmund und für Neuformulierungen alter oder zu langer Sprüche.

Impressum:

Autor: Mao Lal
Verlag: LG Enterprises, Im Mediapark 8, 50670 Köln,
Tel.: 0221-55405420; Fax: 0221-5540545
Titelbild: Fotolia.com
Autorenbild (Rückseite): Armin Zedler
ISBN-Nr. 978-3-00-043734-2
1. Auflage 2013

Inhaltsverzeichnis

Inhaltsverzeichnis

„Mehr Inhalt, weniger Kunst."

William Shakespeare

Vorwort Dr. Stefan Frädrich

„Wir sollten weniger nach dem Warum fragen,
sondern eher nach dem Wozu."

Dr. Stefan Frädrich

Finger weg von diesem Buch! Zumindest wenn große Fragen Sie nicht interessieren. Denn diese stellt Mao Lal gerne und häufig: Wie funktioniert unser Banken- und Geldsystem? Wohin entwickelt es sich? Und welche Risiken drohen? Wie kann sich jeder Einzelne absichern und TROTZDEM Rendite erwirtschaften?

Doch Vorsicht! Sie könnten durcheinander kommen: Denn unsere ökonomische Verantwortung endet nicht, wenn wir Lebensversicherung und Bausparvertrag abgeschlossen und genügend Geld auf dem Sparbuch angesammelt haben. Vielmehr verlangt sie, dass wir tiefer denken: zum Beispiel an politische Zwänge und Machtverteilung, echte und unechte Werte, Investitionsblasen und Inflation, Schulden und Finanztricks. Und an etliche weitere Stellschrauben, an denen wir zwar selbst nicht drehen können, die aber unser gewohntes (angeblich „sicheres") Investitionsverhalten oft nicht sonderlich schlau erscheinen lassen.

Nein, der Blick hinter die Kulissen zeigt etwas ganz anderes: dass wir verstehen und mitdenken müssen! Dass wir manch eingetretene Pfade besser verlassen! Dass wir Risiken und Renditen nicht in Stellen hinter dem Komma berechnen, sondern uns trauen sollten, größere Zusammenhänge und Chancen zu erkennen!

Klar: Das ist nicht einfach. Woher soll unsere ökonomische Bildung auch kommen? In der Schule lernen wir in Mathe Kurvendiskussionen. In der Zeitung lesen wir von unmoralischen Managergehältern. Und das Fernsehen gaukelt uns vor, wir müssten berühmt werden, um viel zu verdienen. Geld? Stinkt irgendwie. Kein Wunder, dass wir in Seminaren nachholen, was ein Deckungsbeitrag ist und uns der Bankberater erklärt, wie Annuitätendarlehen funktionieren. Selbst sind wir ja nicht so im Thema. Viel zu komplex.

Genau hier öffnet uns Mao Lal die Augen – und nimmt uns in unserer Verantwortung für voll, was eine echte Wohltat ist. Dabei schreibt er verständlich, logisch und sehr unterhaltsam. Ich habe das Buch in einem Rutsch durchgelesen.

Und klar: Natürlich verkauft Mao Lal Gold. Natürlich misstraut er dem Euro. Natürlich wird es hier und da dramatisch. Aber: Können wir uns auf unsere Gegenargumente wirklich verlassen?

So oder so: Haben Sie goldene Zeiten!

Ihr

Dr. Stefan Frädrich

Vorwort Marc M. Galal

„Wer sich die richtigen Ziele setzt, kann nur gewinnen."

Marc M. Galal

Es ist mir eine Freude, dieses Vorwort für Mao Lal zu schreiben, weil er es wie kaum ein Zweiter schafft, komplexes Wissen über den Goldmarkt, das Potenzial von Gold sowie Fremdeinflüsse so zu vermitteln, dass jeder Mensch unmittelbar davon profitiert.

In den vergangenen 15 Jahren habe ich mehr als 110.000 Menschen in meinen Seminaren trainiert. Ich halte Vorträge, bin erfolgreicher Buchautor und habe tausende Presseartikel verfasst. Brian Tracy, Prof. Dr. Oliver Pott und Bodo Schäfer bezeichnen mich als einen der erfolgreichsten Verkaufstrainer Europas.

Im Gespräch mit Seminarteilnehmern, Unternehmern und erfolgreichen Geschäftsleuten ist mir eines immer wieder aufgefallen: Wohlstand bzw. Reichtum ist eines der letzten großen Tabus. Unsicherheit, mangelnde Kenntnis oder vermeintlich erlernte Weisheiten der Elterngeneration, dass man über Geld nicht spricht, regieren nach wie vor. Doch wie soll man Wohlstand erreichen, wenn das Wissen darüber nicht weitergegeben wird? Wenn niemand darüber spricht und man aus diesem Grund auch nichts darüber lernt? Es ist egal, wie hart man arbeitet oder wie diszipliniert man ist, wenn man negative Glaubenssätze über Geld hat, dann wird das Geld auch immer knapp sein.

Es gibt Menschen, die verdienen gut oder sogar sehr gut, und doch können sie nichts zur Seite legen oder haben am Monatsende sogar ein Minus auf dem Konto. Wenn man seine Glaubenssätze nicht verändert, dann ist Reichtum tatsächlich nicht erreichbar, denn nichts bremst uns so sehr wie unsere eigenen negativen Gedanken.

„Über Geld spricht man nicht“, „Reichtum macht einsam“, „Geld verdirbt den Charakter“ … kaum etwas ist so negativ besetzt wie Geld, dabei kann man damit so viel Positives schaffen. Überlegen Sie einmal, was Sie alles Gutes tun könnten, wenn Sie wohlhabend wären. Würde es Ihnen nicht auch ein Gefühl der Sicherheit geben, wenn Sie ein solides finanzielles Polster hätten? Wenn Sie sorgenfrei aufs Alter blicken könnten? Wenn sogar Ihre Kinder sich keine Sorgen um Geld machen müssten?

Und jetzt vergegenwärtigen Sie sich, dass Wohlstand für jeden Menschen erreichbar ist. Dass finanzielle Sicherheit kein Privileg, sondern ein Recht ist. Ja, ich gehe sogar noch weiter, es ist sogar Ihre Pflicht, ein Vermögen aufzubauen und dieses zu sichern. Weil Sie es können, und weil Sie hinter Ihren Möglichkeiten zurückbleiben, wenn Sie es nicht tun.

Unabhängig davon, an welcher Stelle Sie jetzt stehen, ob Sie gerade damit anfangen, Wohlstand zu generieren, oder ob es Ihnen darum geht, Ihr Vermögen zu sichern, für mich persönlich ist Gold eine sehr interessante Option. Auch wenn ich meine finanzielle Freiheit bereits erreicht habe, lege ich monatlich einen festen Betrag zur Seite und investiere einen Teil meines Vermögens in Gold (5-10 Prozent). Meiner Ansicht nach sollte das jeder Mensch tun, denn wer sich in Sachen Finanzen breit aufstellt, der minimiert das Risiko.

Lassen Sie sich von Mao Lal inspirieren und erfahren Sie alles rund ums Gold als Vermögenswert: seine Entwicklung, sein Potenzial, die Fremdeinflüsse. Nutzen Sie dieses Wissen, denn Sie haben es sich verdient, dass Ihre Träume wahr werden.

Ihr
Marc M. Galal

Prolog

Prolog Mao Lal

„Alles auf der Welt kommt auf einen gescheiten Einfall und auf einen festen Entschluss an."

Johann Wolfgang von Goethe

Herzlich willkommen in der Welt des Geldes bzw. des Goldes, Letzteres ist Geld, alles andere ist Illusion. Sie, die dieses Buch in Ihren Händen halten, dürften es in Deutschland erworben haben, von einigen Ausnahmen abgesehen. Ich gehe davon aus, dass Sie hier auch leben, in dem Land der Dichter und Denker, die es so auch nicht mehr gibt. Zeiten ändern sich, Zeiten ändern uns. Vorbei die Euphorie, der Erfindergeist und der Mut zum Risiko. Garantie und Sicherheit, das ist es, wonach heute verlangt wird.

Dabei ist das Denken und Handeln so sehr auf diese Begriffe fixiert, dass Anleger gar nicht erkennen, welche Gefahren sie für ihr Geld eingehen, wenn sie Garantie und Sicherheit von auf Zinsen aufgebauten Währungssystemen fordern. Die Tatsache, dass in Deutschland über 90 Millionen Lebensversicherungsverträge abgeschlossen wurden, aber nur 8,5 Millionen Menschen Aktien besitzen, zeigt deutlich, dass es an Wissen fehlt.

Dem Anleger geht es heute in erster Linie um den Erhalt seines Sparvermögens. Das ist ihm so wichtig, dass er dafür sogar auf höhere Zinsen verzichtet. So landet das Geld auf dem ach so sicheren

Sparbuch. Nehmen wir an, ein Sparer legt einen Betrag von 10.000 Euro für ein Jahr fest. Die Bank zahlt dafür 1,5 Prozent Zinsen. Somit kann er sich am Jahresende über einen Betrag von 10.150 Euro freuen. Mit anderen Worten: Ziel erreicht. Das Geld ist nicht weg, und es hat sogar noch ein paar Euro Zinsen erwirtschaftet. Nicht ganz selbstverständlich in diesen Zeiten, wie Ihnen die Griechen und Zyprier gern erklären werden.

Nehmen wir an, die Bank teilt unserem Kunden mit, dass sie aufgrund einer Liquiditätsklemme die 150 Euro Zinsen nicht auszahlen kann. Die 10.000 Euro indes bleiben unangetastet. Dann ist auch hier die Freude des Sparers groß. Was er im Anflug seiner Freude völlig ausblendet, ist die Inflation. Die 10.000 Euro sind bei einer durchschnittlichen Inflationsrate, die von der Europäischen Zentralbank (EZB) mit zwei Prozent angestrebt wird, nur noch 9.804 Euro „wert". Auch wenn das Sparbuch die

10.000 Euro ausweist, so beträgt der Verlust fast 200 Euro, womit wieder einmal bewiesen ist, dass wir heute ein anderes Sicherheitsdenken für unser Vermögen an den Tag legen müssen. Die Zeiten des Börsengurus André Kostolany sind Geschichte. Er empfahl einst, Aktien zu kaufen, danach Schlaftabletten zu nehmen und sich die Papiere erst nach Jahren wieder anzuschauen. Dann, so war er sich sicher, wäre man reich. Wer sich heute so verhält, wird genau das Gegenteil erreichen: Armut.

Sich nicht mehr um sein Geld zu kümmern, es Jahre irgendwo anzulegen, ist mit Abstand das Dümmste, was man tun kann. Seit Einführung des Euro hat sich die Welt des Geldes dramatisch verändert. Mit dieser Entwicklung sind viele Menschen hoffnungslos überfordert, nicht zuletzt auch deshalb, weil sie erkennen, dass Hochfinanz und Politik eher ihre eigenen monetären Ziele verfolgen und weniger die ihrer Bürger. Sind Letztere überschuldet, ob privat oder als Unternehmer, kommt der Pleitegeier. Geraten Banken in Schieflage, landet vor deren Tür der Bundesadler. Im Gepäck Milliardenspritzen, um die ach so systemrelevanten Geldhäuser vor der Pleite zu retten. Natürlich wettern die Politiker medienwirksam am Rednerpult gegen die geldgierigen Banker, die offenbar den Hals nicht voll genug bekommen. Das ist es, was der Deutsche hören und sehen will. Die aber, die am lautesten wettern, lenken mit diesem Schmierentheater von ihrer eigenen Unfähigkeit ab. Etliche Politiker sitzen bzw. saßen vor der Finanzkrise in den Aufsichtsräten der „Staatsbanken“ wie WestLB, SachsenLB und IKB. Diese Banken aber sind pleite und mitnichten die privaten Banken wie z. B. die Raiffeisen-Volksbanken.

„Gold funktioniert seit der Zeit Alexander des Großen. Wenn etwas über zweitausend Jahre Bestand hat, ich denke, dann nicht aufgrund von Vorurteilen oder einer falschen Theorie.“

Bernard Baruch (1870–1965)
US-amerikanischer Finanzier

Angesichts dieser Fakten nehmen Anleger ein altes Sprichwort sehr ernst: *„Wer sich auf andere verlässt, ist verlassen“*. Es ist gut, dass Sie zu diesem Buch gegriffen haben. Das zeigt, dass Sie sich fortan selbst um Ihre Finanzen kümmern wollen. Mit dieser Entscheidung liegen Sie

GOLDrichtig!

Sie werden lesen, wie wichtig ein Investment in dieses begehrte „Sonnenmetall“ ist. Zudem lernen Sie, warum Anleger an der Nase herumgeführt werden und warum Berater nicht rechnen können. Wäre es so, würde so mancher Sparvertrag erst gar nicht abgeschlossen werden, weil er schlichtweg nicht zu bezahlen ist. Das möchte ich Ihnen an einem Beispiel verdeutlichen und Sie damit gleichzeitig auf das Thema dieses Buches einstimmen. Es geht mir um Bewusstmachung und weniger um Kritik.

Nehmen wir an, Sie wollen privat fürs Alter vorsorgen. Sie hoffen, in 20 Jahren in Rente gehen zu dürfen. Dann soll neben der staatlichen Rente eine private Monatsrente von 1.000 Euro ausgezahlt werden. Dafür sind Sie bereit, jeden Monat 300 Euro zu sparen, die mit durchschnittlich 2,5 Prozent verzinst werden. Nach 20 Jahren sind Sie 67 Jahre alt. Nun sind auf Ihrem Konto rund 91.000 Euro Guthaben verbucht. Ihrem Wunsch folgend lassen Sie sich nun einen Betrag von 1.000 Euro monatlich auszahlen (der verbleibende Rest wird ebenfalls mit 2,5 Prozent verzinst). Acht Jahre können Sie sich 1.000 Euro auszahlen lassen, dann ist das Geld aufgebraucht. Nun gut, diese acht Jahre haben Sie gehabt. Hätte das Geld länger halten sollen, hätten Sie über die 20 Jahre höhere Beträge einzahlen müssen. Was in den seltensten Fällen möglich ist, denn das Einkommen ist nicht beliebig vermehrbar.

Diese Ihre Rechnung hat einen kleinen Schönheitsfehler, weshalb Sie bereits nach weniger als 5 Jahren auf dem sprichwörtlichen Trockenen sitzen. Die heutige Kaufkraft von 1.000 Euro entspricht in 20 Jahren nur noch 610 Euro. Wenn Sie sich in 20 Jahren eine Kaufkraft von heute 1.000 Euro auszahlen lassen wollen, müssen es 1.638 Euro monatlich sein. Also 638 Euro mehr! Das ist das Ergebnis von Inflation, die nur die wenigsten bei ihren Anlageentscheidungen berücksichtigen und deshalb viele schlichtweg verarmen lässt. Genau davor fürchten sich die Bürger, vor der Altersarmut.

Doch alles Jammern bringt uns keinen Schritt weiter. Wir müssen handeln, jetzt, sofort. Das sind wir auch unseren Kindern schuldig, ganz so, wie es die Lakota-Indianer formulieren: *„Wir haben die Erde nicht von unseren Vorfahren geerbt. Wir haben sie von unseren Kindern geliehen“*. Kinder sind unsere Zukunft. Es freut mich, dass für die heutige „Generation Mitte“ eine stabile Partnerschaft am wichtigsten ist. Das heißt nicht zwingend, dass damit Kinder einhergehen, doch ist sie eine gute Grundlage, denn „*alles, was die Lebenssituation stabil hält*", ist für die heutige Generation wichtig, fand eine Allensbach-Erhebung vom August 2013 heraus[1]. Im oberen Drittel der Skala, was für die Deutschen wichtig ist, finden sich Gesundheit, Partnerschaft und Finanzen.

Die Generation Mitte
Wichtiges im Leben der 30- bis 59-Jährigen in Deutschland

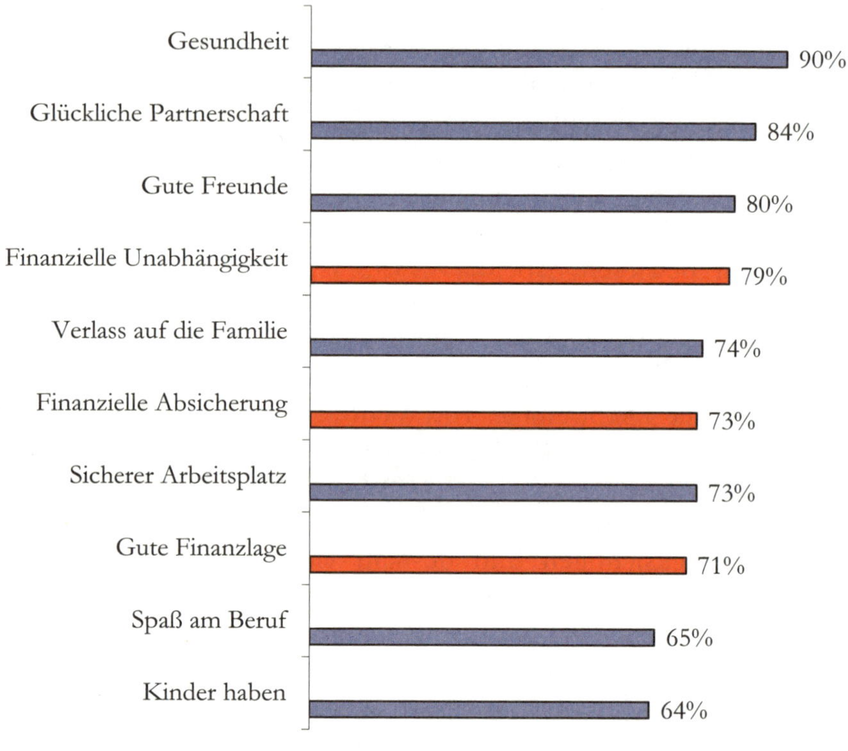

(Quelle: GDV, Allensbach; Angaben in % aller Befragten)

Danach sind eine finanzielle Absicherung und eine gute Finanzlage für die Befragten derzeit wichtiger als eigene Kinder. Das war auch schon mal anders. Insbesondere zu einer Zeit, in der Kinder das finanzielle Überleben der Familie sichern mussten, weil es kein staatliches Rentensystem gab. Während das in West-Europa inzwischen Geschichte ist, müssen andernorts Millionen von Halbwüchsigen für das Überleben der Familie sorgen.

Gesundheit, glückliche Partnerschaft, eigene Kinder und Spaß am Beruf, darauf können wir im Rahmen unserer Möglichkeiten Einfluss nehmen. Schwieriger wird es mit den Finanzen. Wir müssen auch hier unsere eigenen Entscheidungen treffen, sind aber extrem abhängig von anderen. Genau das macht Finanzplanung heute schwieriger denn je, wie die jüngsten Krisen an den Finanzmärkten dieser Welt bewiesen haben. Deshalb nun aber den Kopf in den Sand zu stecken, ist mit Abstand die schlechteste aller Vorgehensweisen. Aufklärung tut not! Und genau darum geht es mir in diesem Buch. Es ist an der Zeit, dass Sie weniger Vertrauen in Anlageberater entwickeln und sich selbst mehr trauen. Ich bin davon überzeugt, dass Sie mit Abstand Ihr bester Berater sind, wenn Sie nur über das richtige Wissen verfügen. Das finden Sie, in aller Bescheidenheit, in diesem Buch.

> *„Glück entsteht durch Aufmerksamkeit in kleinen Dingen. Unglück oft durch Vernachlässigung kleiner Dinge.“*
>
> Wilhelm Busch (1832–1908)
> Deutscher Dichter

Damit möchte ich meinen Beitrag zur finanziellen Aufklärung leisten. Die Umstände, in denen wir uns seit Ausbruch der Finanzkrise 2007 befinden, sind alles andere als erheiternd. Keine Frage. Bei näherer Betrachtung indes offenbaren sie, dass etwas *„faul ist im Staate Dänemark“*, was angesichts der Flut von Papiergeld nicht wirklich überrascht. Doch beschränkt sich diese Fäulnis nicht nur auf einen kleinen Staat, sondern auf die gesamte Welt. Insofern war es nur eine Frage der Zeit, bis ein auf Schulden aufgebautes Währungssystem an seine Grenzen stieß. Das, was wir heute erleben, ist dabei leider erst der Anfang. Das Schlimmste ist nicht überstanden. Nun geht es darum, sich auf das Unvermeidliche bestmöglich vorzubereiten. Mit einer Investition in Gold ist das möglich.

Wobei ich ausdrücklich unterstreichen möchte, dass es in Sachen Geld immer darum geht, eine so genannte Klumpenbildung zu vermeiden. Studien belegen, dass das Gros der Anleger mit der Zeit ein

Faible für bestimmte Anlageklassen entwickelt. Der eine investiert sein Geld komplett in Immobilien, der andere nur in Aktien, wiederum andere legen ihr komplettes Vermögen aufs Sparbuch. *„Nicht alles auf eine Karte setzen"*, lehrt ein Sprichwort. Wenn es überhaupt einen ultimativen Anlagetipp in diesen schwierigen Zeiten gibt, dann: „Investieren Sie Ihr Geld in verschiedene Anlageklassen". Eine davon ist Gold – aus meiner Sicht die mit Abstand wichtigste, wie ich Ihnen gern in diesem Buch beweisen möchte. Mir geht es dabei nicht um Rechthaberei, sondern um Ihr Geld. Je eher Sie sich auf die künftigen Herausforderungen ausgerichtet haben, desto sicherer steuern Sie Ihr Vermögen durch schwierige Zeiten.

Und genau dazu möchte ich Sie ermuntern. Denn in Ihrer arbeitsaktiven Lebenszeit fließt Geld durch Einnahmen aus verschiedenen Quellen zu Ihnen. Nun gilt es, dieses Geld in die richtigen Anlagekanäle zu leiten, damit Ihnen zum einen die Lebensfreude erhalten bleibt und Sie zum anderen im Alter die Freude über Ihre richtigen Entscheidungen feiern können. Und, so ganz nebenbei bemerkt, haben Sie durch diese Entscheidungen der Finanz- und Schuldenkrise, die die Welt noch etliche Jahre beschäftigen wird, ein Schnippchen geschlagen.

Alles in allem gute Aussichten.

In diesem Sinne wünsche ich Ihnen goldene Zeiten.

Herzlichst
Ihr Mao Lal

Nullwertschöpfung

Nullwertschöpfung

„Denen ist das Gold gut, die es recht zu gebrauchen wissen, aber denen bringt es ernstlich Schaden, die es übel brauchen.“

Johann Agricola (1494–1566)

Nullwertschöpfung, eine kreative Wortschöpfung ohne Sinn und Verstand. Aber genauso ideenreich wie die Wortschöpfung der Bundesregierung, die z. B. von einem Nullwachstum spricht, wenn die Wirtschaft stagniert. Ein hässliches Wort. Da klingt Wachstum, auch wenn es dies nicht gegeben hat, viel harmonischer. Legt doch jede Bundesregierung Wert auf Wachstum. Mehr Arbeitsplätze, mehr Einnahmen, mehr Geld für die Bürger, all das, so die irrige Annahme der Volksvertreter, lässt sich mit Wachstum erzielen.

„An sich ist Papiergeld in Ordnung. Vorausgesetzt, unsere Obrigkeit ist perfekt und die Könige verfügen über eine göttliche Intelligenz“.

Aristoteles (384–322 v. Chr.)
Griechischer Philosoph

Mit dem Papiergeld verhält es sich ähnlich.
Es gaukelt uns einen Wert vor, den es an sich gar nicht haben kann. Das ist beim Gold anders. Das ist Geld mit Gewicht – in jeder Hinsicht. Ersetzen Sie das „e“ im Begriff Geld durch „o“, und Sie haben es: Gold. Wer es einmal in seinen Händen hielt, weiß um das damit verbundene Gefühl: Es ist extrem schwer, etwas Handfestes. Deshalb ist auch nur Gold echtes Geld, weil die Schwere vom eigenen

inneren Wert kommt, der nie auf null fallen kann. Alle anderen Währungen sind Kredit, eine Art „Auszahlungsversprechen" bei Vorlage eines Geldscheins. Leichtfertig von den Banken ausgesprochen und, wie sollte es auch anders sein, besiegelt auf leichtem Papier. Das hat Vorteile. Zum einen können Versprechungen unbegrenzt gegeben und schlichtweg durch billiges bedrucktes Papier bestätigt werden. Zum anderen können Versprechen leicht einkassiert werden, und genau da liegt das Problem. *„Versprochen, gebrochen"*, dieses geflügelte Sprichwort ist inzwischen gelebte Realität. Ob Politik oder Banken, auf ihr Wort ist immer weniger Verlass. Was auch nicht wirklich überrascht. Schon zu Zeiten des französischen Philosophen Voltaire (1694–1778) verhielt es sich damit so. Von ihm stammt eine Erkenntnis, die bis heute nichts an ihrer Wahrheit eingebüßt hat:

> *„Die Geschichte hat schon häufig gezeigt, dass Edelmetalle zwar im Preis fallen können, nie aber im Wert. Papiergeld dagegen ist bereits hunderte Male zu Tode gekommen. Papiergeld sinkt irgendwann immer auf seinen inneren Wert – auf NULL!"*

Stellen wir uns der Realität. Sie besitzen z. B. einen hochwertigen Antiquitätenschrank, dessen Wert von Experten auf 1.000 Euro geschätzt wurde. Weil Sie in Ihrem Haus keinen Platz für diese Rarität finden, soll er verkauft werden. Schnell findet sich ein Käufer, der die gewünschten 1.000 Euro zahlt. Für sich genommen ein völlig normaler Vorgang, der bei genauerer Betrachtung aber die Absurdität unseres Geldsystems unterstreicht. Menschen scheinen bereit zu sein, etwas Wertvolles, Handfestes und Robustes einzutauschen gegen bedrucktes Papier, das seinen Wert nur durch die dort aufgedruckte Eurosumme erhält. Für sich ge-

nommen haben wir es hier mit NICHTS zu tun. Deshalb kann ein Geldgeber, gemeinhin die Bank, Geld verleihen, das er gar nicht besitzt.

Wenn ich Ihnen 100 Euro leihen möchte, dann muss ich im Besitz dieser Summe sein, sonst können wir diesen Deal nicht abschließen. Nicht so die Bank, sie kann, mit Verlaub, ohne jede Form von Gegenleistung dealen. Sie besitzt nämlich die Lizenz zum Gelddrucken. Ein Knopfdruck genügt und der Gelddrucker setzt sich in Bewegung. Gedruckt wird, was gebraucht wird. Wobei immer weniger gedruckt werden muss. Banken sparen, wo sie können. Wozu also noch teures Papier und Druckerschwärze verwenden? Im Zeitalter von Kredit- und EC-Karten reichen binäre Zahlen. Hierzu bucht die Bank Ihr virtuelles Einkommen auf Ihr Bankkonto. Ein Unterschied zu den 1970er-Jahren, als „echtes“ Geld noch in Lohntüten direkt den Arbeitnehmern übergeben wurde. Von Ihrem virtuellen Geld sehen Sie gar nichts mehr, wenn Sie Ihre Ausgaben mit der EC-Karte oder mit der Kreditkarte bezahlen. Beim Einkauf erhält der Verkäufer sein Geld ebenfalls nur durch eine Umbuchung von Ihrem Konto auf seines, ohne es je in seinen Händen gehalten zu haben. Von diesem Geld zahlt der Verkäufer seine Lieferanten, diese wiederum den Großhändler usw. Sie sehen, das ist alles möglich, obwohl keiner der an diesem Geldkreislauf Beteiligten auch nur ein Cent-Stück in die Hand genommen hat.

> Der Feind eines jeden Anlegers ist die Inflation. Schützen Sie sich vor dem Verlust Ihres Vermögens durch Sachwertinvestitionen.

Deshalb haben wir es hier mit einer Geldschöpfung aus dem Nichts zu tun. Dabei wurde Geld in erster Linie erfunden, um den Tauschhandel zu vereinfachen. Das ging so lange gut, bis die Protagonisten erkannten, dass man viel reicher wird, wenn Geld gegen Geld getauscht wird, Geld also selbst zu einer Art Handelsware wird. Der Durchbruch zum modernen Geld-Tauschhandel datiert zurück auf das Jahr 1971, als die Amerikaner die Goldpreisbindung aufhoben.

Seitdem wird Geld in die Finanzmärkte gepumpt wie Wasser in die Seeschleusen.

Das System funktioniert nicht zuletzt auch deshalb, weil wir Bürger Geld benötigen, um damit unseren Lebensunterhalt zu bestreiten. Doch nur weil wir Geld besitzen, müssen wir vom Wesen des Geldes nichts verstehen. Es gibt wohl nur wenige, die wirklich wissen, wie unser Geldsystem funktioniert. Mit diesem eklatanten Unwissen steht die heutige Generation allerdings nicht allein da. Das hat es schon zu römischen Zeiten gegeben, eindrucksvoll beschrieben von dem römischen Historiker Tacitus (55–120).

In seinem Buch „Germania" heißt es hierzu[2]:

> *„Silber und Gold haben ihnen die Götter – ich weiß nicht, ob aus Huld oder Zorn – versagt. Doch will ich nicht behaupten, dass keine Ader Germaniens Silber oder Gold enthalte; denn wer hat nachgeforscht? Besitz und Verwendung dieser Metalle reizt sie nicht sonderlich. Man kann beobachten, dass bei ihnen Gefäße aus Silber, Geschenke, die ihre Gesandten und Fürsten erhalten haben, ebenso gering geachtet werden wie Tonkrüge. Allerdings wissen unsere nächsten Nachbarn wegen des Handelsverkehrs mit uns Gold und Silber zu schätzen, und sie kennen bestimmte Sorten unseres Geldes und nehmen sie gern; doch im Innern herrscht noch einfacher und altertümlicher Tauschhandel. Von unseren Münzen gelten bei ihnen die alten und seit langem bekannten, die gezahnten und die mit dem Bilde eines Zweigespanns. Silber schätzen sie mehr als Gold, nicht aus besonderer Vorliebe, sondern weil sich der Wert des Silbergeldes besser zum Einkauf alltäglicher, billiger Dinge eignet."*

Mit anderen Worten: Gold und Silber waren aus Sicht der damaligen Bevölkerung weniger interessant. Und nicht nur damals. Ein Blick auf den Verlauf des Goldpreises verdeutlicht, dass es immer wieder Zeiten gab, in denen Gold eine Art Schattendasein führte.

Noch in den 1980er-Jahren bis weit ins 21. Jahrhundert notierte der Goldpreis je Unze auf niedrigem Niveau, wie Sie dem unteren Kursverlauf entnehmen können. 25 Jahre war mit dem besonderen Edelmetall so gut wie kein Geld zu verdienen. Doch mit „Ausbruch" verschiedener Krisen seit 2000 ist es mit der Tristesse in Sachen Gold vorbei.

So entwickelte sich der Preis je Feinunze Gold seit 1980:

Anmerkung: Der Reinheitswert von Gold wird in Karat angegeben. 24 Karat sind das reinste Gold. Feingold wird mit 999 deklariert. Gold wiegt 19,3 g/cm^3.

Jetzt glänzt das Gold in voller Kraft. Ich bin mir sicher, dass dieser Glanz nie wieder verblassen wird, denn die Geschichte zeigt uns, dass wir aus ihr lernen könnten, wenn wir denn wollten. Vieles, doch längst nicht alles, hat es schon einmal gegeben. Lesen Sie, was z. B. der irische Dichter George Bernard Shaw (1856–1950) schrieb:

> *„Sie haben die Wahl zwischen der natürlichen Stabilität des Goldes und der Ehrlichkeit und Intelligenz der Politiker. Und mit dem Respekt für diese Herren rate ich Ihnen, solange das kapitalistische System besteht, das Gold zu wählen."*

Heute, über sechzig Jahre später, greift diese seine Feststellung noch immer. Daher gilt: Greifen Sie zum Gold, solange es noch angeboten wird.

> *„Gold und wirtschaftliche Freiheit sind untrennbar. Ohne Goldstandard gibt es keine Möglichkeit, Ersparnisse vor der Konfiszierung durch Inflation zu schützen."*
>
> Alan Greenspan
> ehemaliger US-Notenbankchef

Damit könnte es nämlich schon bald vorbei sein. Ausgewiesene Experten sind sich sicher, dass ein Crash und eine damit einhergehende Währungsreform unabwendbar sind, so auch der renommierte Wirtschaftsingenieur Roland Leuschel. Als „Crash-Prophet" hat sich der Banker inzwischen einen Namen gemacht, weil seine Vorhersagen fast immer eintrafen. So hatte der Banker bereits 1987 den weltweit großen Börsencrash vorhergesehen. Genauso den so genannten Salami-Crash in Japan, der 1990 begann und die damals größte Börsenkapitalisierung der Welt um rund 40 Prozent[3] fallen ließ.

Auch vor dem Lehman-Crash im Jahr 2008 und einem Kursrutsch warnte der Anlageprofi, und er sollte Recht behalten. Am 20. August

2013 sprach die Zeitschrift „Der Aktionär“ mit ihm über die Situation an den Finanzmärkten[4].

Auf die Frage, ob die Finanzkrise und das Schlimmste an den Börsen schon ausgestanden seien, sagte er:

> *„Die Finanzkrise ist keinesfalls bereits ausgestanden. Die hohe Verschuldung ist nach wie vor das Damoklesschwert, das über den Märkten schwebt … Rein mathematisch gesehen ist die Verschuldung mittlerweile so hoch geworden, dass auch ein kleines Wirtschaftswachstum über mehrere Jahre nicht in der Lage sein wird, den Schuldenstand zu reduzieren.“*

Auf die Frage: *„Was könnte dann ein Ende der Finanzkrise einläuten?“*, antwortete Roland Leuschel:

> *„Ich bin der festen Meinung, dass eine Währungsreform kommen wird. Man kann das ganze System erst dann wieder auf Vordermann bringen, wenn die Schulden bereinigt werden …“*

„Was raten Sie Anlegern in der aktuellen Situation?“, wollte die Zeitschrift wissen. Darauf antwortete der Crash-Prophet:

> *„Eine absolute Sicherheit und gleichzeitig noch Rendite, das gibt es nicht. Ich kann nur sagen, was ich tue. Eine schuldenfreie Immobilie ist eine Säule … Zudem sollten mindestens 25 Prozent in physischem Gold und Silber gehalten werden – zumal ich glaube, dass das neue Währungssystem wie das alte Bretton-Woods-System wieder an Gold gebunden wird …“*

Sie werden im weiteren Verlauf dieses Buches Näheres über eine Währungsreform sowie das Bretton-Woods-Abkommen lesen. Darüber hinaus lesen Sie, warum der Euro nicht der Auslöser dieser Krise ist. Er wird für das monetäre Elend verantwortlich gemacht. Überall lesen wir von der Euro-Krise, nicht aber von der Dollar- oder Yen-Krise. Gemessen an der Wirtschaftsleistung ist die Staatsverschuldung in den USA höher als im Euro-Raum. Die von Japan ist sogar doppelt so hoch wie in der Euro-Zone. Doch finden Sie hierzu in der Presse kaum Hinweise.

Es ist doch nicht der Euro, der für das Desaster in Griechenland verantwortlich ist, sondern der völlig marode Staatshaushalt der Hellenen, eine nicht funktionierende Wirtschaft und ein unbezahlbares Beamtensystem. Auch Irland, das mit Milliarden Euro vor dem Untergang gerettet werden musste, ist kein Opfer des Euro, sondern der Banken, die nicht hinreichend überwacht wurden. Jeder, der eine Mischmaschine besaß, mit Steinen und Beton umgehen konnte, fand in Spanien vor einigen Jahren paradiesische Zeiten vor. Es wurde nur noch darauf losgebaut ohne zu fragen, ob sich für diese vielen Immobilien überhaupt Käufer finden würden. Mit knapper werdendem Bauland an den Küsten arbeiteten sich die Immobilienmakler und Bauträger ins Landesinnere vor. In versteppten Gegenden, wo sich sprichwörtlich Fuchs und Hase gute Nacht sagen, wurden Häuser aus dem Boden gestampft, die heute niemand geschenkt haben möchte. Wenn überhaupt, dann ist der Euro so etwas wie ein Brandbeschleuniger, weil er es den Ländern einfacher machte, Kredite aufzunehmen. Doch entscheiden die Menschen, ob sie dieses Kreditangebot annehmen, und nicht der Euro selbst.

Solange die Staaten für ihre Entscheidungen selbst geradestehen, so lange sollte sich niemand in deren Geschäfte einmischen. Ganz anders verhält es sich, wenn sich Staaten plötzlich als Opfer sehen und andere Staaten um Hilfe bitten, ihre eigenen, mit Verlaub, dummen Fehler zu beseitigen. Nicht dass ich dagegen bin, jemandem in Not zu helfen. Ganz im Gegenteil. Wer Hilfe braucht, sollte Hilfe bekommen. Doch habe ich ein großes Problem damit, wenn man nur mit dem Scheckbuch durch die Länder reist, um deren offene Rechnungen zu begleichen, ohne sich dabei des Kernproblems anzunehmen.

„Ihr Nachbar ist pleite. Gehen Sie dann aus Sympathie auch pleite?"

Prof. Dr. Hans-Werner Sinn
Ifo-Institut

Nur exemplarisch will ich an dieser Stelle das Beispiel Griechenland wählen und mich nicht gegen eine Rettung aussprechen. Ich bin hier viel zu wenig in der Materie, um das Für und Wider allgemeinverbindlich abwägen zu können. Doch höre und schaue ich genau hin, was ausgewiesene Experten, die sich kraft ihres Amtes mit Finanzen beschäftigen, sagen bzw. schreiben. Als im Februar 2012 im deutschen Bundestag das zweite Hilfspaket für Griechenland verabschiedet wurde, war vor der Abstimmung in der Presse u. a. Folgendes zu lesen:[5]

Prof. Dr. Gert G. Wagner:
„Milliarden-Pakete lösen die Misere nicht."

Prof. Dr. Wolfgang Gerke:
„Ohne Rückkehr zur Drachme geht es nicht."

Prof. Dr. Bernd Lucke:
„Jeder neue Kredit verlängert das Leiden."

Prof. Dr. Hans-Werner Sinn:
„Der Untergang der Euro-Zone droht."

Prof. Dr. Wolfgang Franz:
„Das Rettungspaket birgt Risiken."

Prof. Dr. Stefan Homburg:
„Das Ende der Fahnenstange ist noch lange nicht erreicht."

Die Experten sollten Recht behalten. Das zweite Paket verschaffte den Griechen nur etwas Luft. Anderthalb Jahre später, im August 2013, kündigte der deutsche Finanzminister an, was vorhersehbar war, nämlich dass die Hellenen weitere Milliarden an liquiden Mitteln brauchen, um zu überleben.

Ich frage mich allerdings, wer eigentlich den Retter rettet, wenn dieser gerettet werden muss? Kein anderes Land innerhalb der Euro-Zone bürgt bzw. haftet mit höheren Summen als Deutschland, insbesondere durch den Euro-Stabilitätsmechanismus (ESM). Aus diesem „Fonds" können kriselnden Ländern maximal 500 Milliarden Euro zur Verfügung gestellt werden. Deutschland musste dafür eine sofortige Bareinzahlung von 22 Milliarden Euro leisten, während z. B. das „reiche" Luxemburg nur 0,2 Milliarden Euro zahlte.

Auch wenn es in diesem Buch öfter den Anschein haben sollte, so geht es mir weder um eine Generalabrechnung mit der Politik noch um die Politiker selbst, die oft durch Parteienzwänge gar nicht anders handeln können. Zudem unterstelle ich jedem unserer Volksvertreter lautere Absichten, auch wenn wir Wähler häufig einen anderen Eindruck haben. Die sich rasant verändernde Welt lässt sich heute nicht mehr in Schwarz oder Weiß einteilen, weshalb es immer schwieriger wird, richtige Entscheidungen zu treffen. Darüber hinaus ist nicht immer Politik drin, wo Politik draufsteht. Auch wenn sich uns die Politiker als Macher präsentieren, so sind sie doch eher getrieben von Lobbyisten, die um ihre Pfründe fürchten. Deshalb kassieren unsere Volksvertreter häufig ihre Wahlversprechen und persönlichen Einschätzungen ein, die sie zuvor so selbstsicher vertraten.

Im März 2010 sagte die Bundeskanzlerin[6]:

> *„Hilfe (Anmerkung des Autors: für Griechenland) steht nicht auf der Tagesordnung."*

Einen Monat später wurden erste Hilfsmaßnahmen für Griechenland beschlossen. Im Juli 2010 versicherte der deutsche Finanzminister:

> *„Die Rettungsschirme laufen aus. Das haben wir klar vereinbart."*

Im Juni 2012 folgte der dauerhafte Euro-Rettungsschirm. Im August 2012 stellte der Fraktionsvorsitzende der CDU klar:

> *„Weder beim Volumen des Sparprogramms noch beim vereinbarten Terminplan kann es Nachbesserungen geben."*

Nur drei Monate später wurden die Auflagen für Griechenland gelockert. Rund ein weiteres Jahr später ist klar, dass Griechenland, allen Dementis zum Trotz, weiteres Geld braucht. Es wird nicht das letzte Geld sein, das an Griechenland überwiesen werden muss. Kurz vor der Bundestagswahl 2013 ließ der amtierende Finanzminister durchblicken, dass die Griechen 2014 weiteres Geld benötigen. Kaum ausgesprochen, schossen die Spekulationen ins Kraut. Von zehn Milliarden Euro war die Re-

> *„Tatsache ist, dass jeder Bremer heute tiefer in der Kreide steckt als jeder Grieche."*
>
> Christian Dürr
> FDP-Landtagsabgeordneter

de, was nicht wirklich überrascht. In diesem Jahr werden 15,8 Milliarden Euro griechischer Staatsanleihen fällig. Für das Land eine gewaltige Summe, doch nichts im Vergleich zu 2017. Da wird eine fast vierfache Summe fällig. Ich bin mir sicher, dass die Griechen ohne weitere Rettungsmaßnahmen nie und nimmer in der Lage sind, diesen Betrag aufzubringen.

Fälligkeit griechischer Staatsanleihen:
(in Mrd. Euro)

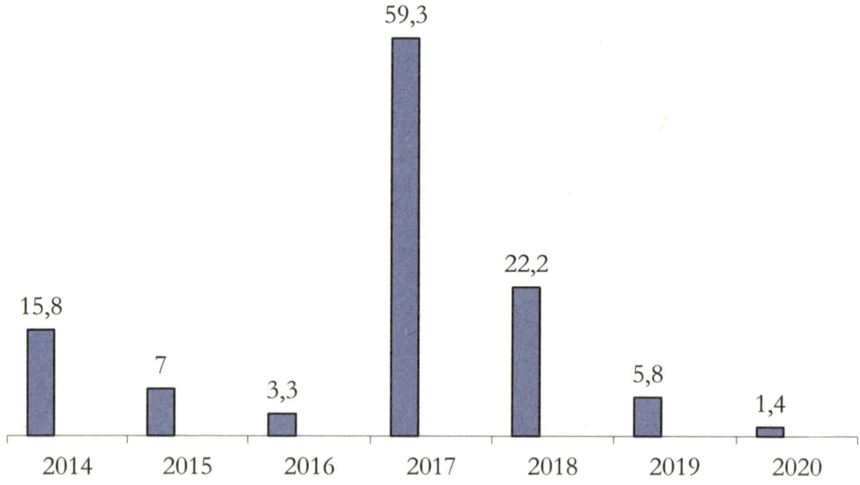

Dass die EU-Bürger so langsam aber sicher die Nase voll haben von den vielen Rettungspaketen, liegt nicht nur daran, dass immer wieder Geld in die Hand genommen wird, sondern an der fehlenden Ehrlichkeit der Politik. Sie verkauft uns das sprichwörtliche „Fass ohne Boden" als „man ist auf dem richtigen Weg". Zur selben Zeit, als der deutsche Finanzminister davon sprach, dass weitere elf Milliarden Euro für Griechenland „nicht völlig unrealistisch" seien[7], zitierten die Medien ein Interview mit dem SPD-Finanzexperten Carsten

Schneider, der vorhersagte, dass Griechenland bis 2020 einen hohen zweistelligen Milliardenbetrag Zusatzhilfen benötige. Als Quelle nannte er ausgerechnet ein Papier aus dem Finanzministerium, das vom Finanzstaatssekretär Steffen Kampeter unterschrieben wurde[8]. Es weist aus, dass Griechenland von 2015 bis 2020 insgesamt 77,7 Milliarden Euro fehlen. Es fehlt allen am Mut zur Offenheit, und genau deshalb geht es an den Finanzmärkten zu wie in einem Tollhaus, und unser aller Geld wird vernichtet.

> *„Wir stürzen uns in ein unkalkulierbares Abenteuer."*
>
> Prof. Dr. Hans-Werner Sinn (Ifo-Institut) zur Griechenlandkrise

Dabei ist Griechenland ja nicht das einzige Sorgenkind. Ähnlich desaströs sieht die Situation in vielen anderen EU-Staaten aus. Ein Blick auf die nachfolgende Grafik offenbart, mit welchen gigantischen Summen nicht nur Deutschland für die Versäumnisse anderer Euro-Staaten im Falle eines Falles eintreten muss. Es grenzt für mich an ein Wunder, wenn dieser Fall nicht eintritt. Aber bekanntlich stirbt die Hoffnung zuletzt. Dabei wurde für mich bis heute eine Frage nicht seriös beantwortet: „Woher kommen die finanziellen Mittel, die im Falle eines Falles ausgezahlt werden müssen?" Da lob ich mir einen ehemaligen deutschen Sozialminister, der 2006 den Rentenbericht für Deutschland vorstellte. Franz Müntefering sagte auf dieser Bundespressekonferenz:

> *„Von der gesetzlichen Rente allein kann der Lebensstandard im Alter nicht mehr gehalten werden. Die Menschen müssen mehr vorsorgen und da kann man Verschiedenes versuchen: Balalaika-Spielen oder Lotto-Spielen. Riester-Rente oder betriebliche Versicherung machen."*

Balalaika- oder Lotto-Spielen. Wie zynisch. Aber wer weiß, vielleicht sollten die Regierungschefs der arg in Bedrängnis geratenen Länder diesen Rat annehmen.

Beiträge der Euro-Länder zum Euro-Stabilitätsmechanismus (ESM):
(in Mrd. Euro)

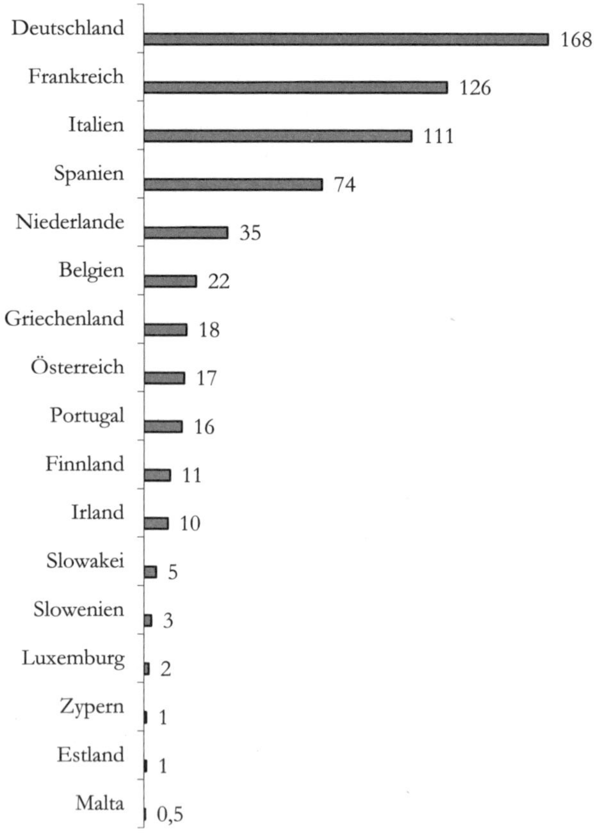

(Quelle: EU-Kommission; EZB)

Mitnichten haften die Deutschen mit „nur“ 168 Milliarden Euro. Das ist, um es einmal salopp auszudrücken, nur die Spitze des Eisberges. Tatsächlich sind die Summen deutlich höher und gewaltiger, wie die nachfolgende Aufstellung zeigt.

Deutschlands Haftungssummen:

Haftung für	Betrag
EFSF	**95,3 Milliarden Euro** (Haftungsobergrenze liegt für Deutschland bei 211 Milliarden Euro)
ESM	**168 Milliarden Euro** (22 Milliarden Euro flossen direkt und in bar)
KfW-Mittel	**15,2 Milliarden Euro**
EZB-Anleihenaufkaufprogramm	**230 Milliarden Euro** hat die EZB für den Ankauf von Anleihen der Krisenländer ausgegeben. Der deutsche Steuerzahler haftet hier mit 27,15 Prozent (= 62,45 Milliarden Euro)
Target-2-Saldo	**575 Milliarden Euro.** Target-2-Salden sind vereinfacht ausgedrückt unbezahlte Rechnungen der Krisenstaaten für Deutschlands Exporte, die bei der Deutschen Bundesbank abgegeben werden. Experten gehen davon aus, dass ein Großteil dieser Rechnungen nicht beglichen wird und somit „ausgebucht" wird.

(Quelle: Eigene Recherche; Stand: September 2013)

Dabei dürfte inzwischen jedem klar sein, dass wir mit unseren Steuergeldern doch nicht ernsthaft Griechenland retten, sondern die Banken, die den Griechen zuvor extrem viel Geld geliehen hatten. Bei einem Staatsbankrott wäre dieses Geld verloren. Also werden Milliarden Euro an den Mittelmeerstaat überwiesen, so lange, bis die Banken indirekt saniert sind. Danach wird man weiterschauen. Ich schaue über den Tellerrand und gehe davon aus, dass Griechenland die Euro-Zone verlassen werden muss. Das wiederum hat Signalwirkung für andere Länder. Niemand kann heute verbindlich vorhersagen, welche Auswirkungen diese Entwicklung in der Euro-Zone haben wird.

Nicht nur aus diesem Grund, sondern auch wegen der wankelmütigen Haltung führender Euro-Politiker, ist in Sachen Geld Vorsicht geboten. Insbesondere dann, wenn uns EU-Bürgern gesagt wird[9]:

„Wenn es ernst wird, muss man lügen."

So die Meinung des damals amtierenden Vorsitzenden der Euro-Gruppe Jean-Claude Juncker (der zur selben Zeit auch das Amt des luxemburgischen Premierministers bekleidete). Von ihm wissen wir auch, wie die Bürokraten in der EU handeln[10]:

> *„Wir beschließen etwas, stellen das dann in den Raum und warten einige Zeit ab, ob was passiert. Wenn es dann kein großes Geschrei gibt und keine Aufstände, weil die meisten gar nicht begreifen, was da beschlossen wurde, dann machen wir weiter."*

Nur Gold ist echtes Geld

Nur Gold ist echtes Geld

„Bezweifle niemals, dass eine kleine Gruppe denkender, engagierter Menschen die Welt verändern kann. Tatsächlich ist es nie anders gewesen.“

Margaret Mead

Ups, da war ich wohl zu euphorisch mit meiner Einschätzung. Mitnichten geht es mit dem Goldpreis seit 2000 aufwärts. Davon wissen einige Anleger ein Lied zu singen. Schauen wir uns an, was passiert ist.

Obzwar weder Schulden- noch Eurokrise nicht einmal ansatzweise gelöst wurden, erlebte der Goldpreis im Verlaufe des Jahres 2013 den kräftigsten Preisverfall seit 100 Jahren! Ein Schock für alle Gold-Käufer, die wegen der desaströsen Entwicklungen an den Finanzmärkten auf stetig steigende Goldpreise setzten. Hier war wohl der Wunsch Vater des Gedankens. Eine Geldanlage ist nie eine Einbahnstraße. Die Kurse bzw. Preise schwanken. Mal rauf, mal runter, mal seitwärts. *„Sicher ist, dass nichts mehr sicher ist. Selbst das nicht“*, schrieb einst der deutsche Schriftsteller Joachim Ringelnatz. Insofern möchte ich an dieser Stelle deutlich unterstreichen, dass Sie als Besitzer von Gold auch mit

fallenden Preisen rechnen müssen, temporär natürlich. Das ändert aber nichts am Wert des Metalls. Zudem sehe ich dauerhaft steigende Preise. Die Gründe dafür finden Sie in meinen weiteren Ausführungen.

Auffällig ist der rasante Preisverfall für Gold im Jahr 2013

Innerhalb weniger Monate verlor das glänzende Edelmetall fast 30 Prozent. Eine bittere Entwicklung. Bei näherer Betrachtung zeigt sich, dass alles, was mit Geld zu tun hat, grundsätzlich menschlichen Einflüssen ausgesetzt ist, die nicht immer das Wohl aller im Sinn haben. Das Gegenteil ist der Fall. Diejenigen, die eine marktbeherrschende Stellung innehaben, verfolgen eigene, extrem egoistische Ziele. Genau das führte zum Preisverfall beim Gold und offenbart zugleich ein großes Dilemma: Die Macht des Geldes liegt in der Hand von einigen Wenigen. In Europa ist es der Präsident der Europäischen Zentralbank, der wie ein römischer Imperator durch Daumenzeig die Geschicke an den Finanzmärkten extrem stark beeinflusst, wie Sie im weiteren Verlauf dieses Buches noch lesen werden.

Obwohl Gold in aller Herren Länder aufwendig und teilweise unter menschenverachtenden Arbeitsbedingungen von Abertausenden unterbezahlten Bergarbeitern gefördert wird, sind es nur einige wenige

Menschen im Edelzwirn, die über die Geschicke des Goldes schalten und walten, insbesondere über den Preis. Zugute kommt ihnen, dass kaum ein Handel so intransparent abläuft wie der Goldhandel. Einige wenige Großbanken bestimmen untereinander den Goldpreis täglich neu. Fixing sagen Experten dazu. Der unter diesen Umständen festgelegte Preis gilt dann für den weltweiten Goldhandel an den Börsen. Den Aufsichtsbehörden ist dieses System ein Dorn im Auge. Sie gehen sogar davon aus, dass hier im großen Stil manipuliert wird, weshalb sie gegen einige Banken Ermittlungen eingeleitet haben.

Wenn nun, wie 2013 geschehen, eine Handvoll Protagonisten das Ziel verfolgt, sich günstig mit Gold einzudecken, werden beim Fixing die Weichen dafür gestellt. Das reicht. Den Rest besorgt die menschliche Psyche an den Börsen. Mit Adleraugen verfolgen die Anleger jeden Wimpernschlag der Banker. Signalisiert eine Wimper Preisverfall, sind es die Börsianer, die als Erste ihre Bestände, Gold wie Aktien, auf den Markt werfen. Insbesondere die großen Fonds sind bei fallenden Preisen gezwungen, ihre Goldbestände rasch abzubauen, um die Verluste in Grenzen zu halten. Auch diejenigen, die auf Papiergold gesetzt haben, folgen wie die Lemminge. Nein, das ist kein Schreibfehler. Ich meine wirklich Papiergold. Seit Jahren bieten Banken und Fondsgesellschaften ihren Kunden Investmentpapiere an, die Euro gegen Gold tauschen oder zumindest so tun als ob. Der Anleger zahlt Geld in einen dieser Gold-Fonds, im Gegenzug werden ihm dafür Goldanteile gutgeschrieben. Doch solange das Gold nur auf dem Papier steht und nicht physisch vorhanden ist, so lange haben wir auch hier wieder nur ein Zahlungsversprechen, das im Falle eines Falles gebrochen werden kann. Wie dem auch sei. Um die Verluste zu begrenzen, müssen auch diese Fonds reagieren. Gemäß der alten kaufmännischen Regel fällt der Preis bei steigendem Angebot. Vice versa steigt der Preis, wenn die Nachfrage zunimmt. Während nun die Verkäufer ihre Wunden wegen der finanziellen Verluste lecken, erfreuen sich einige wenige Großbanken dies- und jenseits des Atlantiks über günstige Einkaufskonditionen, die sie zu ihrem Vorteil zu nutzen wissen.

> *„Der Reiz von Gold liegt in seiner Funktion als Wertbewahrer. Der Preis kann anders als bei Wertpapieren niemals auf null fallen, weil Gold einen inneren Wert hat."*

Ich habe die Erfahrung gemacht, dass sich viele Anleger, aber längst nicht alle, in schlechten Zeiten verhalten wie das Kaninchen vor der Schlange. Sie schauen auf die aktuellen Verluste und übersehen ihre aufgelaufenen Gewinne. Natürlich ist es bitter, wenn Kurse um 20 Prozent und mehr einbrechen, doch das ist, mit Verlaub, dennoch alles andere als ein Beinbruch. Entscheidend ist nicht der Moment, sondern der Gesamtzeitraum einer Investition. Wenn der Goldpreis mächtig unter Druck gerät wie 2013, dann ist das für einen Anleger, der einige Tage zuvor in das Edelmetall investiert hat, in der Tat ein schmerzlicher Verlust. Nicht aber für den, der Jahre zuvor Gold gekauft hat. Darauf kommt es an: Investieren, wenn Geld vorhanden ist. So verhalten sich kluge Investoren. Sie wissen, dass es weder an der Börse noch an den Finanzmärkten einen richtigen Zeitpunkt für den Ein- oder Ausstieg gibt. Finanzmärkte folgen schon lange keinen Regeln mehr.

Die Zeit der „Lehrbuch-Romantik“ ist längst Geschichte. Kollege Computer regelt, reagiert und herrscht – fernab von jeder Menschlichkeit. Greift der Mensch hier ins Geschehen ein, kann ein simpler Vorgang verheerende Folgen haben. So löste z. B. Anfang Mai 2010 ein Händler mit einem ganz alltäglichen Geschäft einen dramatischen Einbruch an der US-Börse aus. Der Leitindex Dow Jones verlor an einem Nachmittag mehr als 1.000 Punkte. In Punkten wurde in der Geschichte der amerikanischen Börse nie ein stärkerer zeitweiliger Kurssturz gemessen. Nur weil ein einzelner Investmentfonds eine Transaktion von Terminkontrakten ungewöhnlich schnell abwickelte, verlor der Dow Jones fast 10 Prozent. Innerhalb von wenigen Minuten wurde ein Börsenwert von rund 800 Milliarden US-Dollar vernichtet![11] Am selben Tag bekamen die Börsianer auf dem Parkett die Situation unter Kontrolle, sodass die Kurse genauso schnell wieder stiegen, wie sie zuvor gefallen waren.

Hier zeigt sich der „Fluch der Technik“. Rund zwei Drittel aller Börsenaktivitäten in den USA werden durch Computer mit Hochgeschwindigkeitshandel abgewickelt. Diese Systeme folgen mathematischen Modellen und nicht dem gesunden Menschenverstand. Letzterer kann auch an der Börse zeitweilig von großem Nutzen sein. Womit wieder einmal bewiesen ist, dass es in Sachen Geld keine einhundertprozentige Sicherheit gibt. Genau aus diesem Grund ist es wichtig, sein Geld auf verschiedene Anlageklassen zu verteilen und Ruhe zu bewahren, wenn ein finanzieller Tsunami übers Land fegt. In der Ruhe liegt nicht nur die Kraft, sondern auch die Erkenntnis, dass nach jedem Gewitter Sonnenschein folgt. Ohne das Desaster beim Goldpreis schönreden zu wollen, haben wir es dennoch mit einer guten Entwicklung zu tun. Anleger, die 2003 in Gold investierten, stehen trotz der beschriebenen Situation besser da als mit Aktien und Anleihen.

Entwicklung der Renditen unterschiedlicher Anlageklassen von 2003 bis 2013[12]:

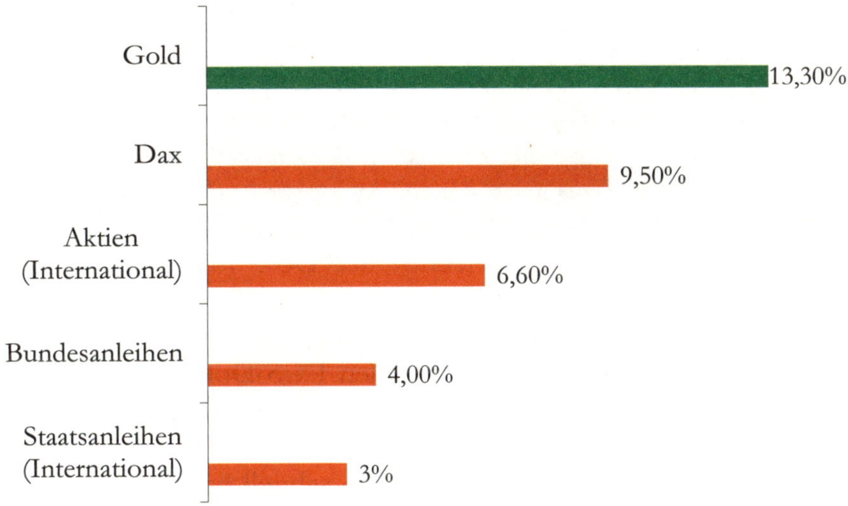

Gemessen am Index MSCI World lag die Rendite internationaler Aktien im Zeitraum von 2003 bis 2013 einschließlich der Dividenden bei 6,6 Prozent. Dagegen legte der Deutsche Aktienindex (DAX) jährlich um 9,5 Prozent zu. Wer auf „Nummer sicher" ging und sein Geld internationalen Staaten lieh, musste sich mit 3,3 Prozent begnügen (gemessen am Citi World Global Bond Index). Etwas besser erging es den Gläubigern, die dem deutschen Staat finanziell unter die Arme griffen und Bundesanleihen zeichneten. Sie erhielten immerhin durchschnittlich vier Prozent jährlich. Aber auch das ist schon längst Geschichte. Für

„Ein großes Vermögen kann man nicht versaufen, nicht verhuren, nicht verfressen, man kann es nur verdummen."

Johannes Fürst von Thurn und Taxis
Bankier (1926-1990)

2013 notieren die durchschnittlichen Renditen bei lächerlichen 1,6 Prozent.

Sie sehen, und ich wiederhole mich an dieser Stelle gern, denn es geht um Ihr Geld: Mit Gold liegen Sie GOLDrichtig – trotz der temporären Preisrückgänge. Wie bereits erwähnt, der Preis des Goldes schwankt, nicht aber sein Wert. Das sah auch der britische Ökonom David Ricardo (1772–1823) so:

> *„Gold und Silber besitzen einen inneren Wert, der nicht willkürlich ist. Er hängt ab von deren Knappheit, der Menge an Arbeit, die deren Beschaffung gewidmet wird, und er liegt im Wert des Kapitals, das in den Minen steckt, die sie hervorbringen."*

Die Welt des Geldes ist inzwischen so komplex geworden, dass es Tausende von Davids bräuchte, um den Finanzmarkt, den Goliath, zu besiegen, um damit dem Schrecken ein Ende zu setzen. Nichts zermürbt einen Anleger mehr als seine Hilflosigkeit. Zu wissen, dass ihr Wohl und Wehe in den Geschicken einiger weniger Menschen

liegt, treibt vielen den Angstschweiß auf die Stirn. Zu Recht, wie ich meine, denn auch ich als erfahrener Goldexperte habe diese, mit Verlaub, perfiden Machenschaften anzuerkennen. Akzeptieren indes kann ich sie nicht. Doch hat jedes Problem bekanntlich zwei Seiten. Ich könnte mich nun hinstellen und die Umstände bejammern, beklagen und verfluchen. Ändern würde das gar nichts. Wenn ich mich eine Minute lang aufrege, habe ich 60 Sekunden Ärger. Warum also meine Gesundheit aufs Spiel setzen? Dafür ist nicht nur sie mir zu kostbar, sondern auch meine Zeit. In Krisenzeiten ist es notwendig, eine andere Sicht der Dinge anzunehmen, um das Beste aus der Situation zu machen. Notwendig steht für „die Not wenden". Und genau das tue ich mit einem einfachen System, das mich von diesen unsteten Preisentwicklungen nicht abkoppelt, sie aber erträglicher macht.

Fakt ist doch, dass wir Menschen nur in diesem Augenblick denken und handeln können. Die Vergangenheit liegt hinter uns, das Morgen existiert nicht. Es gibt kein Morgen, denn morgen ist heute gestern. Also bleibt nur der Augenblick. Statt zu glauben, die Entwicklung an den Finanzmärkten verbindlich vorhersagen zu können oder auch nur ansatzweise darauf Einfluss nehmen zu können, konzentriere ich mich auf das, was ich kann und was ist. In Sachen Gold ist das der tagesaktuelle Preis. Der kann in diesem Moment billiger sein als gestern. Umgekehrt natürlich auch. Doch, wie erwähnt, die Vergangenheit ist unantastbar. Nur im Hier und Jetzt kann ich handeln, und genau das tue ich.

„Oh, ihr unsterblichen Götter. Sie sehen es nicht ein, die Menschen, welch große Einnahme die Sparsamkeit ist."

Marcus T. Cicero (106–43 v. Chr.)
Römischer Schriftsteller

So mache ich nicht den Fehler und spare erst einmal 1.000 Euro zusammen, um dann auf einen Schlag Gold zu kaufen. Nicht nur in Zeiten sinkender Sparzinsen ein geldvernichtendes Unterfangen. Mit einem Sparplan investiere ich immer dieselbe Summe, weshalb ich Gold zu unterschiedlichen Preisen kaufe. So kaufe ich mal teuer, mal weniger teuer ein. Aus diesem Sammelsurium ergibt sich nachher ein Durchschnittswert, der dann meinen ganz persönlichen Einkaufspreis darstellt. Dieses Vorgehen nennt sich Cost Average Effect (engl. für Durchschnittskosteneffekt). Ein Goldkäufer, der immer eine gleiche Summe investiert, profitiert somit von den Kursschwankungen. Er erhält automatisch mehr Gold für sein Geld, wenn die Preise fallen, vice versa weniger, wenn der Preis steigt. So haben Korrekturen, auf die der Einzelne bekanntermaßen keinen Einfluss hat, durchaus ihr Gutes, vorausgeschickt, dass am Ende der Sparzeit die Goldkurse höher stehen als im Durchschnitt der Sparphase. Lassen Sie mich an einem einfachen Beispiel verdeutlichen, wie ein Sparplan nach dem Cost Average Effect aufgebaut ist.

Prinzip Cost Average Effect:

Kaufdatum	Goldpreis (Tageskurs)	100 Euro Anlagebetrag	Was kosten zwei Anteile?
1. Januar	50 Euro	2,000 Anteile	100 Euro
1. Februar	45 Euro	2,222 Anteile	90 Euro
1. März	40 Euro	2,500 Anteile	80 Euro
1. April	60 Euro	1,666 Anteile	120 Euro
1. Mai	30 Euro	3,333 Anteile	60 Euro
1. Juni	80 Euro	1,250 Anteile	160 Euro
Gesamt		12,971 Anteile	12,00 Anteile
Preis pro Anteil		46,26 Euro	51,00 Euro

(Der Einfachheit halber verwende ich hier den Begriff „Anteil", gemeint ist aber die Menge Gold, die für das Geld erworben wird.)

Ich habe unterstellt, dass ein Sparer monatlich 100 Euro in Gold investiert. Liegt der Wert des Goldanteils bei 50 Euro, erhält er für sein Geld zwei Anteile. Sinkt dieser Kurs, wie zum Beispiel im Februar, erhält er für einen Betrag von 100 Euro 2,222 Anteile. Steigt der Goldpreis wie im Juni, erhält er entsprechend weniger, nämlich nur 1,250 Anteile. Angenommen, der Anleger möchte am 1. Juli seine Anteile verkaufen, dann gilt natürlich hier der Tagespreis. Liegt dieser bei 85 Euro, multipliziert er nun diesen Betrag mit seinen Gesamtanteilen im Sparplan, also 12,971 Punkte x 85 Euro = 1.102,54 Euro. Obwohl er nur 600 Euro eingezahlt hatte, erhält er nach dieser Rechnung mehr als 1.100 Euro zurück. Hier sehen Sie also den wesentlichen Unter-

schied zu einem normalen Banksparplan, auf den Geld eingezahlt und verzinst wird. Hätte er die 600 Euro dorthin gezahlt und nicht in Gold investiert, hätte er mit einem Zinssatz von 1 Prozent rund 602 Euro gespart! Dieser Vergleich hinkt ein wenig, denn wenn der Preis für Gold am Verkaufstag niedriger läge, erhielte der Goldbesitzer natürlich auch weniger als die 1.102,54 Euro. Aber immer noch mehr als beim Papiergeld.

Durch den Cost Average Effect wird eine Frage, die mir Anleger immer und immer wieder stellen, seriös beantwortet: *„Wann, Herr Lal, ist der beste Zeitpunkt, Gold zu kaufen?"* Meine Antwort:

Jeden Tag!

Erfolgreiche Investoren sind deshalb erfolgreich, weil sie einfachste Regeln beherrschen, und eine der Regeln bei Gold heißt: Kaufen, wann immer Geld vorhanden ist. So verhält sich auch einer der bekanntesten Wirtschaftswissenschaftler, der in den USA lebende Schweizer Dr. Marc Faber, auch bekannt unter dem Namen „Dr. Doom" (engl. für Untergang). Der Börsenguru sagte, ähnlich wie Roland Leuschel, einige Crashs richtig vorher, darunter die Japan-Baisse, den Börsencrash 1987, die Asienkrise und das Platzen der Technologie-Blase im Jahr 2000[13]. Anfang Mai 2013 verriet Marc Faber in einem Interview[14], wie er sich in Sachen Gold verhält:

> *„Gold ist eine Kostbarkeit. Jedem, der es besitzt, erfüllt es alle Wünsche dieser Welt. Zudem verhilft es den Seelen ins Paradies."*
>
> Christoph Kolumbus

> *„Ich habe Gold bei 1.400 US-Dollar gekauft. Ich kaufe jeden Monat Gold, und ich kaufe mehr davon."*

Dabei kauft Marc Faber nur physisches Gold, das er, so sagte er in diesem Interview, in seinen Händen halten kann. Weiter führte er aus, dass es einen Ort gäbe, wo er sein Gold nicht aufbewahren würde: die USA. Der Grund für sein Verhalten liegt in der Regierung der USA. Die US-Regierung hatte 1933 den Amerikanern das Gold weggenommen. Mit der unten stehenden Verfügung[15] der US-Regierung wurden die US-Bürger aufgefordert, Gold abzuliefern. Der private Besitz von Gold wurde auf 100 US-Dollar limitiert. Als Entschädigung zahlten sie ihnen 25 US-Dollar, um es anschließend auf 35 US-Dollar aufzuwerten.

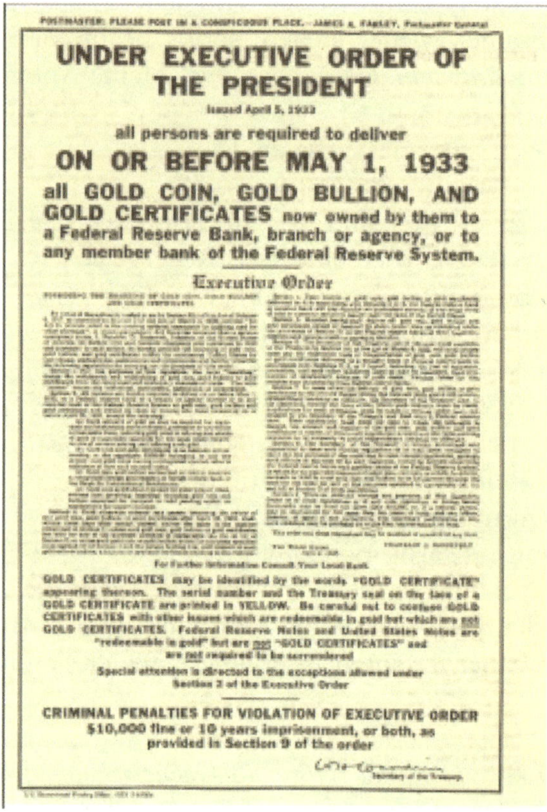

Der Börsenguru und Anlagestratege könnte sich vorstellen, dass die US-Regierung einen solchen Schritt heute wieder durchführen würde. Vorstellbar ist für ihn, dass sie zunächst den Preis für Gold künstlich drücken würde, also nach unten manipulieren, um danach mitzuteilen, dass Gold zu halten illegal sei und sie dieses daher einziehen müsste:

> *„Wenn die Regierung den Preis auf 1.000 US-Dollar manipuliert hat, könnte sie das Gold bei 1.000 US-Dollar einsammeln und dann auf 10.000 US-Dollar aufwerten."*

Die Betonung liegt allerdings auf dem Konjunktiv „könnte". Marc Faber mag keine Verschwörungstheorien, weshalb er einen solchen rigiden Schritt eher für unwahrscheinlich hält, nicht aber, dass es zu einem Crash an den Weltmärkten kommt. Im August 2013 kündigte Faber, der Börsenbriefe schreibt, einen Börsencrash für die USA an, der die Ausmaße des Jahrhundert-Crashs vom 19. Oktober 1987 haben sollte[16].

Sein Kollege, der Schweizer Finanzmanager Felix Zulauf, sieht ebenfalls Anzeichen für eine Krise und glaubt daher an das Gold. Deshalb geht er grundsätzlich von stark steigenden Preisen aus(!). Wörtlich sagt er:

> *„Gold hat einen soliden mittelfristigen Boden gefunden. Für eine neue große Welle braucht es fundamentale Veränderungen. Die nächste Krise wird es richten."*

Und sie wird kommen, die Krise. Leider. Ich will sie keinesfalls herbeireden, doch deutet alles darauf hin. Die Frage ist nicht mehr, ob sie kommt, sondern wann und wie stark sie ausfallen wird. Insofern schließe ich mich der Meinung des Investmentgurus, wie er in Medien häufig genannt wird, an. Weshalb die Medien häufig anderer Meinung sind, will sich mir nicht erschließen. Trotz ihrer desaströsen Fehleinschätzungen der Vergangenheit lassen sie sich nicht oder nur selten eines Besseren belehren und führen damit insbesondere ängstlichere Anleger in die Irre. Natürlich nicht bewusst. Doch ist die Wirkung dieselbe. So titelte z. B. am 4. August 1972 die „Süddeutsche Zeitung“:

„Gold, kein glänzendes Geschäft“

Warum eigentlich? Drei Monate zuvor stieg der Goldpreis mit 50,20 US-Dollar pro Feinunze erstmals seit 1864 wieder über die 50-Dollar-Marke. *„Informiert gleich ruiniert“*, schrieb einst der Börsenstar André Kostolany. Wohl dem Leser dieser Zeitung, der eine andere Meinung in Sachen Goldpreis hatte. Denn nur drei Jahre später hatte sich der Preis verdoppelt. Also doch im wahrsten Sinne des Wortes ein glänzendes Geschäft.

Auch die österreichische Presse lag mit ihrer Einschätzung falsch. Sie schrieb am 24. April 2009:

„Flucht ins Gold ergibt keinen Sinn mehr“.

Auch hier wieder meine Frage: Warum nicht? Zum Zeitpunkt der

Meldung notierte der Goldpreis bei rund 890 US-Dollar. Der Schlusskurs für die Feinunze Gold notierte am 31.12.2009 bei 1.097,20 US-Dollar. Ebenfalls drei Jahre später mussten Anleger für neue Goldeinkäufe rund 580 US-Dollar mehr zahlen. Eine Preissteigerung von über 50 Prozent! Das ergibt doch Sinn! Allerdings scheint die Presse diese Entwicklung nicht wirklich zur Kenntnis nehmen zu wollen. Sie hält weiterhin an ihren Fehleinschätzungen fest. So schrieb z. B. die Nordwest-Zeitung am 15. April 2013:

„Goldpreis stürzt ins Bodenlose“

Der Preis stürzt also ins Bodenlose. So, und nun? Die Nachrichtenlage der letzten vierzig Jahre hat doch eines ganz deutlich gezeigt: Experten wissen es auch nicht besser. Sie vermuten, ohne zu wissen, und so jagt eine schlechte Meldung die nächste. Der Goldpreis notierte vor über 40 Jahren bei rund 40 US-Dollar. Ende 2012 hat er sich bereits vervierzigfacht. Wer sich damals nicht von den Nachrichten negativ beeinflussen ließ, kaufte die Feinunze für 40 US-Dollar. Ende 2012 konnte er sich über einen Gewinn von 1.630 US-Dollar freuen, umgerechnet rund 1.300 Euro. Eine stolze Summe, und das ganz ohne Zinsen!

> *„Wenn Sie hoffen, Ihre Unabhängigkeit mit Geld erreichen zu können, werden Sie sie nie erreichen. Die einzige wirkliche Sicherheit, die ein Mensch erwerben kann, ist ein Vorrat an Wissen, Erfahrung und Können.“*
>
> Henry Ford (1863–1947)
> US-Autobauer

Zinsen sind doch für viele Anleger ein Problem. Sie ziehen andere auf Papiergeld aufgebaute Kapitalanlagen dem Gold vor, weil Gold ja keine Zinsen abwirft. Stimmt. Doch ist das wirklich wichtig? Wenn aus 40 US-Dollar in 40 Jahren 1.680 US-Dollar wurden, dann spielen für mich Zinsen keine Rolle. Wie sähe denn die Alternative aus? Angenommen, ein Anleger hätte vor vierzig Jahren seine 40 US-Dollar genommen, sie in die Deutsche Mark umgetauscht (das Kursverhältnis lag zu dieser Zeit bei 2,586 DM für einen US-Dollar) und auf ein gut verzinstes Sparkonto gelegt. In den 1970er-Jahren bekam er für sein Erspartes noch richtig viele Zinsen, teilweise bis zu zehn Prozent, wie Sie der folgenden Grafik entnehmen können.

Durchschnittliche Umlaufrendite von 1972 bis 2013[17]
(Angaben in %)

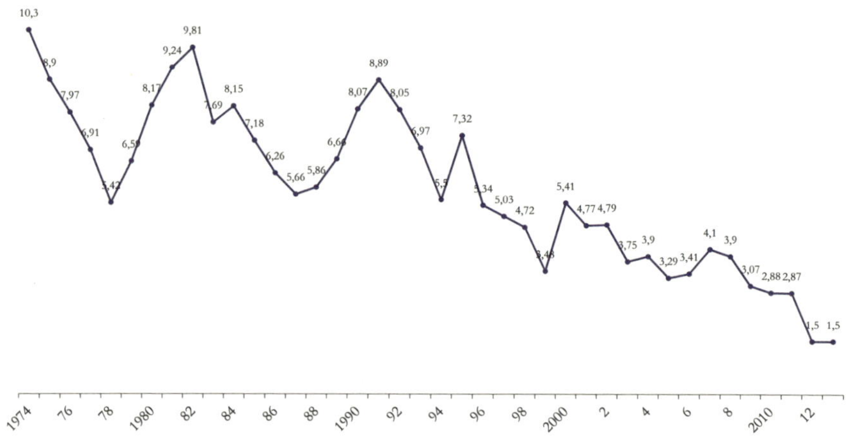

Für diese Berechnung habe ich für den Betrachtungszeitraum von vierzig Jahren den jeweiligen ausgewiesenen Zinssatz des Jahres als Durchschnittswert angenommen. So wurden aus 40 US-Dollar mit Zins und Zinseszins rund 500 Euro. Zugegeben, auch kein schlechtes Ergebnis. Doch mir sind die 1.300 Euro aus dem Goldbesitz weitaus lieber.

Zinsen sind wichtig, natürlich. Das will auch niemand ernsthaft bestreiten. Doch sind Zinsen nie der alles bestimmende Faktor in der Geldanlage, wie wir hier beim Gold deutlich sehen.

Schauen Sie sich bitte die folgende Grafik an. Die untere rote Linie zeigt, wie der Dollar abstürzt. Im selben Zeitraum dagegen stieg der Goldpreis (obere grüne Linie). Somit ist doch die Mär, Gold wirft keine Zinsen ab, widerlegt. Wer 1913 sein Geld nicht in Dollar, sondern in Gold anlegte, ist doch heute der strahlende Gewinner. Insgesamt hat der Goldpreis zugelegt, und damit hat sich doch mein eingesetztes Kapital verzinst, oder wie würden Sie eine Wertsteigerung anders nennen?

„Kursentwicklung“ Dollar und Gold:

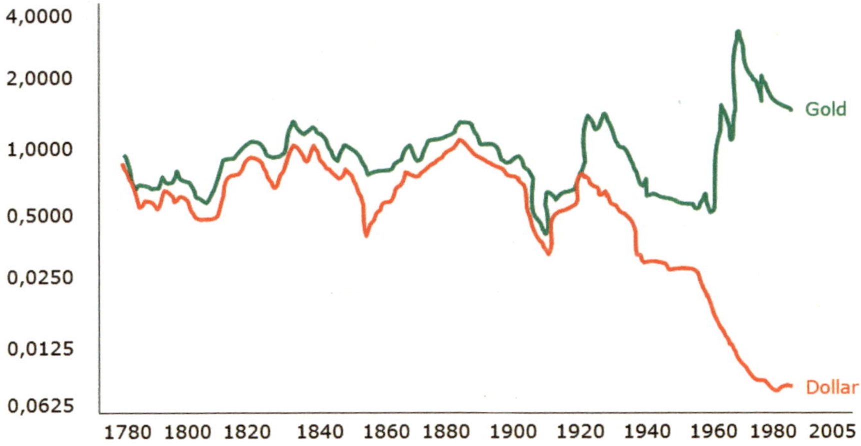

Wenn heute wieder einige Experten das Edelmetall schlechtreden und vom Ausverkauf des Goldes sprechen, dann sollten Anleger, die ins Grübeln kommen, nur einen Blick auf die alten Nachrichten der vergangenen Jahrzehnte werfen. Ich bin mir sicher, dass sie ihr Gold nicht verkaufen werden, sondern klug genug sind, nachzukaufen und so den Cost Average Effekt nutzen. Das ist aus meiner Sicht die beste „Versicherung“ gegen die mediale Verunsicherung, denn die wird es immer geben, wie ein weiteres Beispiel zeigt. Am 2.8.2013 heißt es in der Presse: *„Sorge vor Billiggeld-Entzug. Goldpreis fällt unter 1.300 US-Dollar“*. Nur 10 Tage später diese Meldung:

China schiebt den Goldpreis an …

„… Gute Nachrichten für Gold-Fans. Der Goldpreis hat nach einem starken Anstieg der Nachfrage in China kräftig zugelegt …" Gegenteiliger können Nachrichten wohl nicht ausfallen, und das in einem kurzen Zeitraum von zehn Tagen. Daher gilt: Diesem, mit Verlaub, medialen Wahnsinn der Verunsicherung können Sie nur entrinnen, wenn Sie sich zum einen in Ihren Entscheidungen davon nicht beeinflussen lassen und zum anderen natürlich regelmäßig Gold kaufen. Dass sich das lohnt, nun, das zeigt der Blick auf den Preisverlauf des Goldes seit 1970.

Entwicklung des Goldpreises von 1970 bis 2012:

Datum Schlusskurs	Goldpreis in US-$
31.12.1970	37,60 $
31.12.1975	148,80 $
31.12.1980	599,50 $
31.12.1985	331,10 $
31.12.1990	396,20 $
31.12.1995	388,10 $
31.12.2000	273,60 $
31.12.2005	519,50 $
31.12.2006	638,00 $
31.12.2007	837,90 $
31.12.2008	880,20 $
31.12.2009	1.097,20 $
31.12.2010	1.421,60 $
31.12.2011	1.566,15 $
31.12.2012	1.675,85 $

Natürlich wird es auch weiterhin temporär extreme Schwankungen in Sachen Goldpreis geben, doch bleibe ich dabei, dass sich der Preis stetig weiter nach oben entwickeln wird. Ein Blick auf die folgende Grafik bestätigt meine Einschätzung.

Goldpreis pro Feinunze seit 1965

Es ist nicht klug, jetzt kein Gold zu kaufen. „Experten“ empfehlen genau das, weil ihrer Meinung nach die Märkte überhitzt seien und die Preise (und Kurse) auf viel zu hohem Stand notierten. *„Selig sind die geistig Armen, denn ihnen ist das Himmelreich“,* sagt eine Redensart. Diese „Experten“ vergessen nämlich die Inflation und Währungskurse. Deshalb reden sie wider die Vernunft. Diese beiden Faktoren müssen bei allen Preisvergleichen natürlich berücksichtigt werden, um zu keiner falschen Einschätzung zu kommen. Kluge Investoren und Anleger vergleichen die heutigen Rohstoffpreise (und damit auch den Preis für Gold) nicht einfach mit denen von vor 30 Jahren. Sie bereinigen die Zahlen um die Inflation. So kommen sie zu einer realistischen Einschätzung der Märkte. Der Höchstpreis des Goldes notierte 1980 beim heutigen Dollarwert bei rund 2.270 Dollar. Mitte 2010 notierte er bei rund 1.200 US-Dollar. Damit ist er noch ein großes Stück vom Allzeithoch entfernt. Und wenn wir schon im historischen Bereich sind, dann möchte ich Ihnen noch eine Zahl nennen, die verdeutlicht, wie schnell sich Preise nach oben entwickeln können, wenn es die Umstände erfordern. Anfang 1979 notierte der Goldpreis bei 220 US-Dollar. Nur ein Jahr später, am 21. Januar 1980, verlangten die Händler dafür 850 US-Dollar, einfach deshalb, weil die Zahl der Krisen nicht abnahm, sondern eher noch zunehmen würde.

Kluge Anleger zögern daher auch heute nicht und kaufen Gold!

Unter Berücksichtigung der Inflation ist Gold heute „billig“:

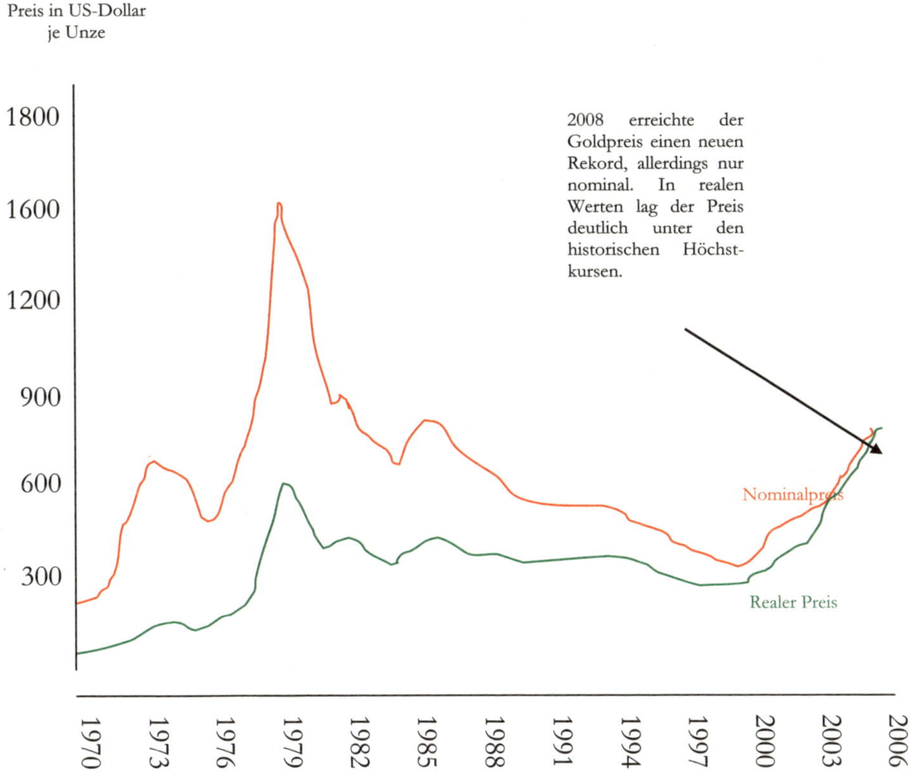

Deshalb sah sich auch die Zeitung „Financial Times“ am 07.01.2008 in der Lage, folgende Einschätzung abzugeben:

„Gold ist die neue Weltwährung.“

Angesichts der Krisen der letzten Jahrzehnte verwundern diese Aussagen nicht.

Krisen vs. Entwicklung des Goldpreises:

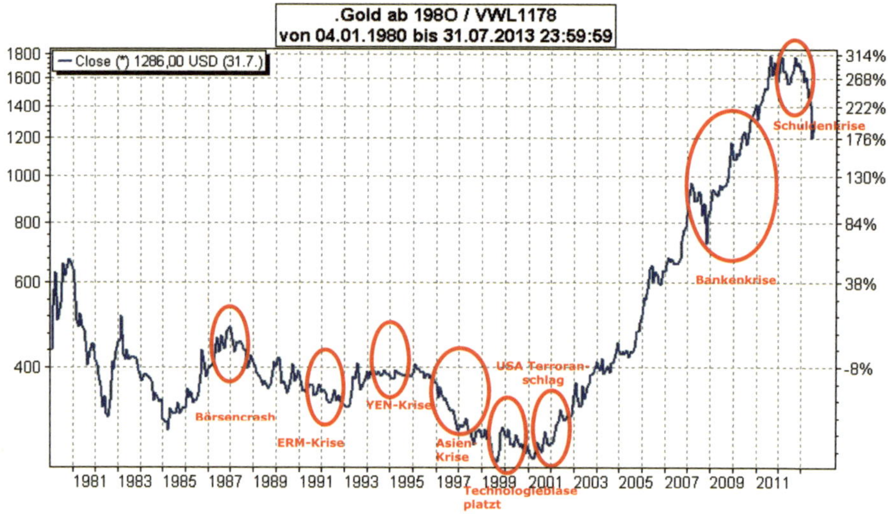

Diametral dazu die Entwicklung der Aktienkurse:

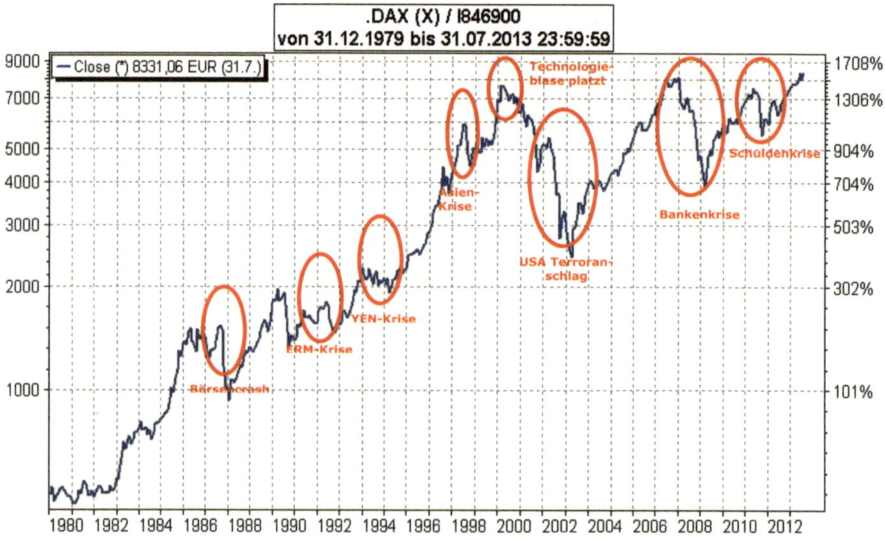

Und, wie werden die Krisen bewältigt? Durch Papiergeld. Damit das gelingt, muss natürlich unendlich gedruckt werden dürfen. Selbst dann, wenn die zuvor festgelegten gesetzlichen Limits erreicht wurden. Aber auch das ist kein Problem. Dann werden Schuldengrenzen einfach erhöht. So stellt die USA sicher, dass sie auch weiterhin zahlungsfähig bleibt, während die Schulden unentwegt steigen. Von 0,9 Billionen US-Dollar im Jahr 1981 auf fast 17 Billionen US-Dollar 2013.

Entwicklung der Schuldengrenze der USA von 1981 bis 2013
(in Billionen US-Dollar)

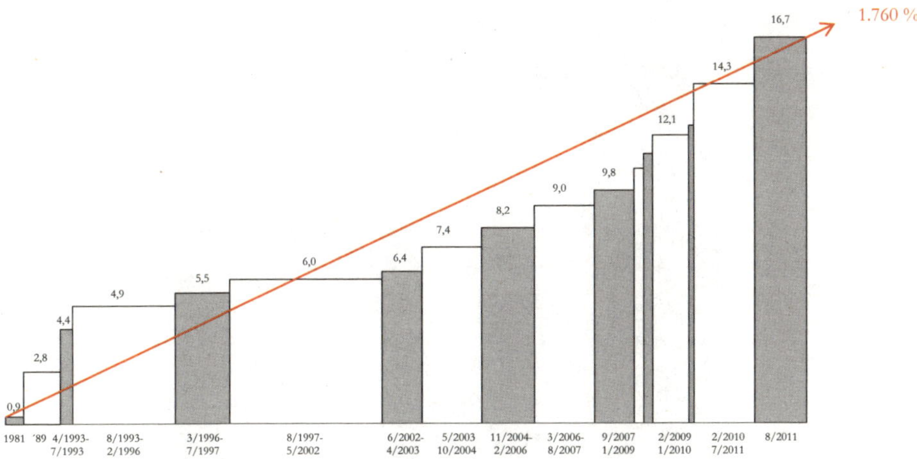

(Quelle: Office of Management and Budget; White House; US-Kongress)

Man muss weder Mathematik studiert haben noch über prophetische Fähigkeiten verfügen, um das Ende einer solchen Entwicklung fast schon verbindlich vorhersagen zu können. Insbesondere die Deutschen wissen, wohin die unkontrollierte und damit unverantwortliche Aufblähung der Geldmenge führen kann. In den Verfall der Währung und die damit verbundenen Enteignungen, Entbehrungen, Verluste und Tragödien.

Nur beispielhaft[18] sehen wir hier einen Mann, der im Jahre 1923 eine Wand mit Eine-Mark-Scheinen tapeziert, weil diese zum Zeitpunkt der Hyperinflation in der Weimarer Republik deutlich billiger waren als eine Tapete.

Bundesarchiv, Bild 102-00104
Foto: o.Ang. | 1923

Wenn die heute Verantwortlichen, die an den Geldhebeln der Macht sitzen, gewollt hätten, sie hätten aus der damaligen Situation lernen und so Schlimmeres verhindern können. Doch wie sagte es Mahatma Gandhi so treffend?: „*Die Geschichte lehrt die Menschen, dass die Geschichte die Menschen nichts lehrt.*" Das ist sehr, sehr bedauerlich! Daher gilt:

Back to the roots

Seit dem Altertum ist Gold das Wertaufbewahrungsmittel par excellence. Darüber hinaus bleibt Gold Gold, denn es kann nicht, wie Papiergeld, einfach gedruckt werden. Es muss geschöpft werden, buchstäblich bis zur Erschöpfung. Wohl dem, der zu allen Zeiten sein Vermögen mit Gold absicherte. Denn seit 1873 und unter Berücksichtigung des geteilten Deutschlands hielten die Bürger zehn Mal (!) eine neue Währung in ihren Händen. Aus Gulden wurden Taler, es folgte die Mark, bis der Euro das Licht der Welt erblickte.

Das Geld der Deutschen seit 1873[19]:

Zeitfenster	Währung
Bis 1873	Gulden und Taler einzelner deutscher Staaten;. für den überstaatlichen Handel gab es den Konventionstaler
1873–1919	Gold- und Silbermark
1919–1923	Papiermark
1923–1924	Rentenmark
1924–1948	Reichsmark
1944–1948	Alliierte Militärmark (Allied Military Currency); Zahlungsmittel in besetzten Gebieten parallel zur alten Reichsmark.
1948–2001	Deutsche Mark
1964–1967	Mark der Deutschen Notenbank (DDR)
1974–1990	Mark der DDR
Seit 2002	Euro

Zehn verschiedene Währungen, von der eine ganz besonders deutlich machte, was auf Papier gedrucktes Geld in Krisenzeiten wirklich wert ist. Sie sehen im Folgenden eine mir im Original vorliegende Reichsbanknote vom 20. Oktober 1923 im Wert von einer Milliarde Mark. Dort heißt es im Text:

> *„Eine Milliarde Mark zahlt die Reichsbankhauptkasse in Berlin gegen diese Banknote dem Einlieferer …"*

Mit diesem Schein in der Hand war der Besitzer nicht nur Millionär, sondern Milliardär. Andere waren „nur Millionäre":

Millionen und nochmals Millionen. Das ist es doch, was heute noch viele Menschen wollen. Richtig viel Geld besitzen. Dumm nur, wenn dieses Geld nur in Papierform vorliegt. Tatsächlich waren die damaligen Milliardäre noch ärmer als eine Kirchenmaus, wie der Rückblick verdeutlicht.

Am 15. November 1923 begann die Ausgabe der neuen Mark („Reichsmark"). Damit sollte endlich die gigantische Inflation gestoppt werden. Eine Billion Papiermark war dann nur noch eine neue Rentenmark wert. Auf dem Höhepunkt der Inflation in Deutschland stand der Dollarkurs bei 4,2 Billionen Mark.

„Aufgrund seiner Geschichte fürchtet Deutschland sich mehr vor der Inflation als vor der Rezession. Im Rest der Welt ist das genau umgekehrt."

George Soros
US-amerikanischer Investor

Die Preise für Grundnahrungsmittel waren in kaum vorstellbare Höhen gestiegen. Für einen Liter Milch zahlten die Berliner im November 1923 mehr als 360 Milliarden Mark. Ein Brot kostete 201 Milliarden Mark und ein Kilogramm Kartoffeln 90 Milliarden Mark. Löhne und Gehälter wurden wöchentlich ausgezahlt, und das Geld wurde sofort in die nächsten Geschäfte getragen – bevor die nächste Preiserhöhung kam. Einige clevere Unternehmer nutzten diese Situation und kauften mit dem nutzlosen Geld Sachwerte.

Doch die breite Masse, insbesondere der Mittelstand, gehörte zu den Verlierern dieses Wahnsinns. Denn alle in festen Geldbeträgen angesammelten Vermögenswerte verfielen, viele standen leider vor dem Ruin. Solche oder ähnliche Entwicklungen kann nie jemand verbindlich ausschließen, doch die Wahrscheinlichkeit, dass dieses wieder passiert, ist eher gering. Damals hat niemand etwas gegen den Wahnsinn unternommen. Denn ein Teil der deutschen Wirtschaft, insbesondere die exportorientierte Industrie, profitierte von den geringen Lohnkosten im Inland. Die Reichsregierung indes sah darin ein Mittel, dem Ausland die mangelnde Leistungsfähigkeit zu demonstrieren und allzu große Reparationsleistungen abzuwehren.

Durch den Versailler Vertrag war Deutschland gezwungen, 132 Milliarden Goldmark als Wiedergutmachung an die Siegermächte zu zahlen. Diese Kriegsschulden schrumpften durch die Inflation. 154 Milliarden Mark im November 1923 hatten noch den Wert von 15,4 Pfennig des Jahres 1914!

Eine Hyperinflation in diesem gigantischen Ausmaß schließe ich aus. Nicht aber die Inflation an sich, und genau deshalb ist es so wichtig, weiterhin in Sachwerte wie Gold zu investieren, was zum Zeitpunkt der Drucklegung dieses Buches noch immer günstig zu haben ist.

Schulden (er)dulden

Schulden (er)dulden

„Es war richtig, in der Krise mehr Schulden zu machen. Aber was in der Krise richtig war, ist nach der Krise falsch."

Dr. Wolfgang Schäuble

Auch wenn ich mich als Goldbesitzer über steigende Preise freue, so sind die Umstände, die dazu führen, alles andere als erfreulich. Das hat zwei Gründe: die Verknappung des Goldes und die extrem hohe Verschuldungsquote der Länder.

Gold kann als Edelmetall nicht beliebig vermehrt werden, es muss aufwendig aus dem Boden geholt werden, und hier ist nun einmal die Menge begrenzt. Weil auch beim Gold Angebot und Nachfrage kaufmännischen Regeln folgen, ist bei sinkendem Angebot und steigender Nachfrage mit höheren Preisen zu rechnen. Schließlich wächst Gold nicht nach. Nach Schätzungen wurden in der gesamten Menschheitsgeschichte bis zum heutigen Tage rund 167.000 Tonnen Gold aus den Minen ans Tageslicht gefördert[20]. Etwa zwei Drittel davon seit 1950. Das überrascht nicht wirklich, schaut man sich die Abnehmer an, die inzwischen so wohlhabend sind, dass sie Gold en gros kaufen. Indien ist mit 1.059 Tonnen der mit Abstand größte Absatzmarkt, gefolgt von China mit 770 Tonnen. Die USA geben sich mit 213 Tonnen zufrieden, während Deutschland weit abgeschlagen nur auf 154 Tonnen kommt.

Obwohl die USA in Sachen Absatzmenge weit hinter Indien und China liegen, verfügt die amerikanische Notenbank mit 8.100 Tonnen über den größten Goldbesitz in der Welt. Auf Platz zwei rangiert Deutschland mit 3.400 Tonnen, gefolgt vom Internationalen Währungsfonds mit 2.800 Tonnen. Experten gehen davon aus, dass sich die Zahlen in den nächsten Jahren zugunsten so genannter Schwellenländer verschieben werden. Mit anderen Worten: Die Nachfrage nach Gold wird anhalten. Pro Jahr werden durchschnittlich 2.500 Tonnen gefördert. 29 Prozent des abgebauten Goldes gelangen in Form von Münzen und Barren in den Investmentbereich. 59 Prozent werden zu Schmuck verarbeitet, und nur zwölf Prozent des geförderten Goldes gelangen in die Industrie.

Die Verschuldungsquote ist der zweite Grund, warum der Goldpreis dauerhaft steigen muss, weil es eine Krisenwährung ist, auf die zurückgegriffen wird, wenn Systeme kollabieren. Es ist nicht die Frage, ob sie kollabieren, sondern nur wann. Auf Zinsen aufgebaute Währungssysteme brechen immer unter der Schuldenlast zusammen wie ein Kartenhaus. Das ist alles nur eine Frage der Zeit. Unser Geld, das wir in den Händen halten, kommt nur durch Schulden in die Welt, und hinter diesem Papiergeld steht nur ein Versprechen und kein werthaltiges Material. Wohin wir schauen, es ist immer dasselbe Schauspiel. Mit Geld aus dem Nichts wird die Wirtschaft am Laufen gehalten, solange es eben gut geht. Hierzu ein Beispiel.

„Es ist nichts schrecklicher als eine tätige Unwissenheit.“

Goethe

Ein Unternehmer hat eine Produktidee, aber kein Geld. Somit finanziert er die Herstellung seiner Produkte durch einen Bankkredit. Mit den Einnahmen aus dem Produktverkauf soll dann der Bankkredit zurückgeführt werden. Hier ist häufig der Wunsch Vater der Gedanken. Ein Blick in die Bilanzen großer Unternehmen offenbart, dass diese Milchmädchenrechnung nicht mehr aufgeht. Die Unternehmen verfügen zwar über Eigenkapital in Milliardenhöhe, doch stehen dagegen exorbitant hohe Schulden. So kämpft z. B. Pro Sieben Sat 1 mit Schulden von rund 3,4 Milliarden Euro, dagegen stehen „nur“ 1,02 Milliarden Euro eigene Mittel. Somit hat das Unternehmen dreimal mehr Schulden als Eigenkapital. Die Schuldenquote liegt bei 332 Prozent! Würden diese sofort fällig gestellt werden, könnte es zu dramatischen Entwicklungen in dem Unternehmen kommen. Nicht nur hier, sondern in jedem anderen Unternehmen auch, das mit demselben Ungleichgewicht kämpft.

Schuldenquote einiger ausgewählter deutscher Konzerne[21]:

Konzern	Nettoschulden	Eigenkapital	Schuldenquote
Pro Sieben Sat 1	3,409 Mrd. Euro	1,026 Mrd. Euro	332 %
Gagfah	5,958 Mrd. Euro	2,354 Mrd. Euro	253 %
BMW	49,818 Mrd. Euro	21,722 Mrd. Euro	229 %
Daimler	37,953 Mrd. Euro	51,958 Mrd. Euro	137 %
Metro	7,954 Mrd. Euro	5,835 Mrd. Euro	136 %

Doch nicht nur die Unternehmer, die mit ihren Produkten Geld verdienen wollen und müssen, um die Schulden zu bezahlen, kämpfen mit einer Schuldenlast, sondern auch ihre Abnehmer, also die Kunden. Nur die wenigsten dürften in der Lage sein, ein Auto der Mittelklasse aus eigenen Barmitteln bezahlen zu können. Wie wir gelernt haben, ist das ja auch kein Problem. Das fehlende Geld wird einfach gedruckt. Dazu geht der potenzielle Autokäufer nur zu seiner Hausbank, spricht von seinem Wunschauto, für das er dringend Geld benötigt. Bei guter Bonität kein Problem. Das Geld wird bereitgestellt.

Natürlich hat die Bank dieses Geld nicht im Safe, wäre ja auch viel zu gefährlich. Sie lässt sich das Geld virtuell von der Zentralbank auf ihr Konto umbuchen. Von dort gelangt es aufs Kundenkonto, und ebenfalls mit einem Mausklick landet es dann beim Autohändler. Das Prozedere ist natürlich etwas umfangreicher, ich beschränke mich hier nur auf die systemische Beschreibung.

Der Autokäufer ist in den nächsten 30 Tagen der glücklichste Mensch der Welt, weil er endlich das Auto seiner Träume fährt. Dann aber, am 31. des Monats, ist sie schlagartig vorbei, diese Freude. Nun bucht die Bank die fällige Kreditrate ab. In ihr enthalten sind Zinsen und anteilig eine Tilgung, damit das Auto eines Tages bezahlt ist. Doch woher kommt das Geld für die Kreditrate, wenn nicht genug verdient wird? Vor dem Kauf des Autos bestand offensichtlich keine Möglichkeit, Eigenkapital anzusparen. Wenn sich die Einnahmen des Autobesitzers nicht signifikant verändern, dürfte somit kein Geld vorhanden sein, um die fälligen Raten zu bedienen.

> *„Glücklich ist, wer alles hat, was er will.“*
>
> Augustinus (354–430)
> Kirchenlehrer

Doch die Bank kann helfen. Macht sie doch gerne – natürlich gegen ein üppiges Salär. Versteht sich, wer arbeitet denn schon umsonst? Somit darf der Kreditnehmer von Bankers Gnaden sein Konto im Rahmen eines Dispos überziehen. Kostet ja nur das bis zu Zehnfache an Zinsen, was die Banken allgemein für Sparzinsen zahlen. Müßig zu erwähnen, dass mit dem Überziehen des Kontos wieder neues Geld aus dem Nichts entsteht.

2012 senkte die Europäische Zentralbank (EZB) den Leitzins auf den tiefsten Stand in ihrer Geschichte, auf 0,5 Prozent. Zu diesem Zins können sich die Geschäftsbanken bei der Notenbank refinanzieren. Würden es die Banker ernst nehmen mit ihrem Versprechen, uns Steuerzahler nicht länger zur Kasse zu bitten, müssten sie diese Zinssenkung an uns weitergeben. Tun sie aber nicht.

Hier der Beweis:

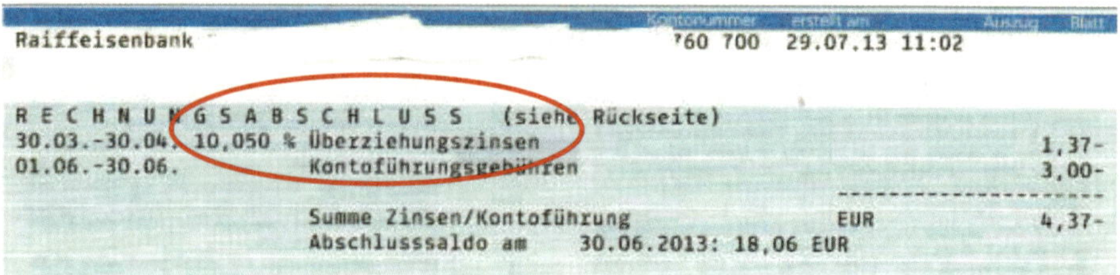

Raiffeisenbank		Kontonummer 760 700	erstellt am 29.07.13 11:02	Auszug Blatt

R E C H N U N G S A B S C H L U S S (siehe Rückseite)

30.03.-30.04.	10,050 % Überziehungszinsen		1,37-
01.06.-30.06.	Kontoführungsgebühren		3,00-
	Summe Zinsen/Kontoführung	EUR	4,37-
	Abschlusssaldo am 30.06.2013: 18,06 EUR		

Folgen Sie bitte meiner Rechnung: Die Bank leiht sich von der EZB für 0,5 Prozent Geld, welches sie an einen Kunden, der sein Konto überzieht, für 10,05 Prozent verleiht. Augenscheinlich eine Differenz von 9,55 Prozent. Ausgehend von 0,5 Prozent aber ein Aufschlag und damit eine Handelsspanne von 1.910 Prozent! Kennen Sie einen ehrbaren Kaufmann, der auf den Einkaufspreis seiner Ware einen Aufschlag von fast 2.000 Prozent nehmen kann? Ich nicht.

Trotz der hohen Überziehungszinsen nimmt jeder sechste deutsche Haushalt seinen Dispokredit, den die Bank häufig einräumt, sobald regelmäßig Zahlungen auf dem Girokonto eingehen, in Anspruch. Das berichtete das Bundesverbraucherministerium im Juni 2012.

Im August 2013 veröffentlichte die Stiftung Warentest das Ergebnis einer umfänglichen von ihr durchgeführten Recherche[22]. Danach verlangen deutschlandweit mehr als 100 Banken Dispozinsen von 13 Prozent und mehr. Die Stiftung spricht hier von Abzocke, weil diese Banken ihren Sparern weniger als ein Prozent Zinsen fürs Ersparte zahlen! Für ihre Studie haben die Tester den Dispozins von 1.538

Banken und Sparkassen in ganz Deutschland verglichen, die Privatkunden ein Girokonto anbieten. Es überrascht mich nicht, dass nur 413 Institute auf die Anfrage der Stiftung Warentest antworteten. Somit blieb den Autoren der Studie zufolge keine andere Möglichkeit, als sich selbst auf den Weg zu machen und sich direkt vor Ort nach den Konditionen zu erkundigen. 606 Filialen besuchten sie hierzu.

„Was ist ein Einbruch in eine Bank gegen die Gründung einer Bank?“

Bertolt Brecht (1898–1956)
Deutscher Schriftsteller

Die Tester stellten fest, dass das Verhalten vieler Institute im krassen Widerspruch zu den Ankündigungen der Bankenverbände steht. Auch das überrascht nicht wirklich, oder?

Naturgemäß sehen die Banken ihr Verhalten völlig anders. So werfen z. B. die bayerischen Volks- und Raiffeisenbanken der Stiftung Warentest Stimmungsmache im Wahlkampf vor[23]:

> *„Ich kann das Getöse nicht nachvollziehen. Statt Aufklärung über den Mechanismus zu betreiben, der hinter der Preisfindung von Dispozinsen steht, mokiert man sich ausschließlich über die Höhe der Zinsen“*,

kommentierte der Präsident des Genossenschaftsverbands Bayern (GVB), Manfred Götzl, das Ergebnis dieser Studie. *Weiter führte er aus, dass Überziehungskredite unbesichert seien und damit für die Banken die teuerste Form der Kreditgewährung. Hohe Zinsen seien „schlichtweg ein kaufmännisches Erfordernis“*, sagte Manfred Götzl.

Ob Dispo, Bauzinsen oder Zinsen für Kredite, ob Hersteller, Privatkunden oder Länder, es ist überall das gleiche Elend: Geld ist teuer und die Zinsen gefährlich, weil sie Abhängigkeiten schaffen. Zudem schädigen auf Schulden aufgebaute Geldsysteme jeden, selbst den Staat. Obwohl die Einnahmen jährlich steigen, kommt Deutschland ohne Neuverschuldung nicht aus.

Gesamtausgaben des Bundes im Jahr 2013: 302,2 Mrd. Euro
Davon entfallen in Prozent:

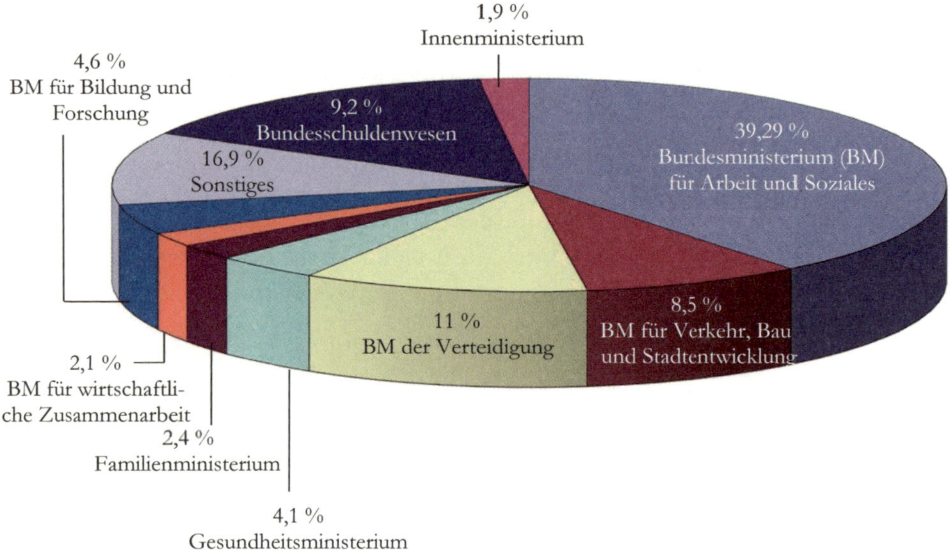

(Quelle: BFM)

Für Forschung und Bildung werden in Deutschland rund 14 Milliarden Euro ausgegeben. Das Familienministerium verfügt über einen Etat von 7 Milliarden Euro. Das Gesundheitsministerium erhält rund 12 Milliarden aus dem Staatshaushalt. Zusammengenommen sind das 33 Milliarden Euro. Die Kosten für die Schulden belaufen sich indes auf 33 Milliarden Euro! Schulden, das ist Vergangenheitsbewältigung. Kosten, die dafür aufgewendet werden, entziehen sich der Wertschöpfungskette. Forschung und Bildung sind es, die ein Land wettbewerbsfähig machen. Das ist die Zukunft, und die ist dem Staat nur 14 Milliarden Euro wert und damit ein Drittel der Summe, die für Zinsen ausgegeben werden.

Dass es nicht mehr als 33 Milliarden Euro (2013) Zinsen sind, die jährlich zu zahlen sind, ist dem Umstand der niedrigen Leitzinsen der Europäischen Zentralbank (EZB) zu verdanken. Dadurch kann sich die Bundesrepublik Deutschland an den Märkten extrem günstig Geld leihen, so günstig, wie noch nie zuvor in ihrer Geschichte:

Entwicklung der Rendite 10-jähriger Staatsanleihen[24]:

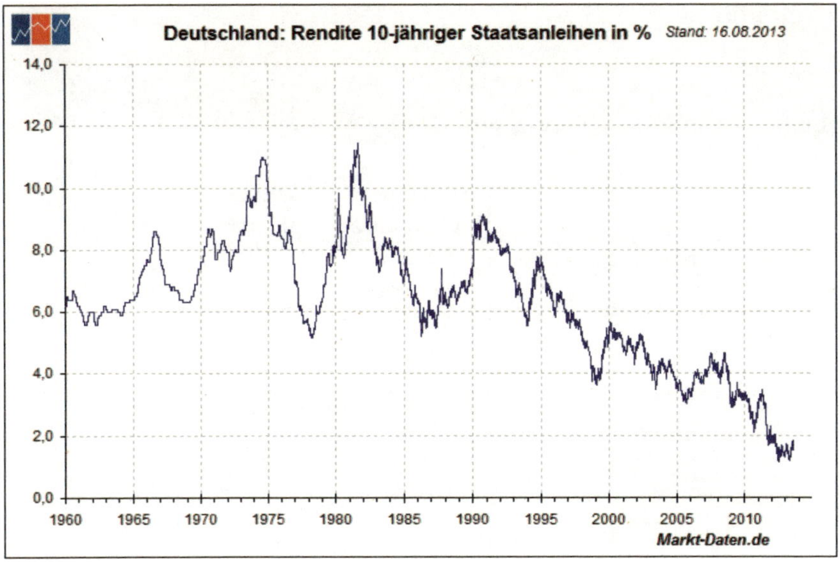

Zum besseren Verständnis: Wenn ich an dieser Stelle von Renditen schreibe, dann habe ich keineswegs das Thema verfehlt. Die Rendite bezeichnet den Gesamterfolg einer Kapitalanlage innerhalb eines Zeitraums, gemessen als tatsächliche Verzinsung des eingesetzten Kapitals. Wenn Sie also einem Staat Geld leihen (in diesem Fall Deutschland), dann ergibt sich aus seiner Zinszahlung die Rendite, die für Sie einen Gewinn darstellt, während die Zinsen für den Staat Kosten sind und damit als Ausgaben im Bundeshaushalt aufgeführt werden. Die obige Grafik zeigt somit einen Verfall der Renditen und damit geringere Zinskosten für den Staat.

Die obige Zinsentwicklung ist weder statisch noch auf andere Staaten übertragbar. Je größer das Risiko für einen Anleger, desto mehr Geld will er verdienen. Schließlich könnte es ja auch sein, dass er sein Geld nie wiedersehen wird. Das ist dann der Fall, wenn ein Staat zahlungsunfähig wird, was in der Geschichte schon mehrfach vorgekommen ist, wobei Deutschland hier sogar eine führende Position einnimmt.

Bankrotte Staaten in Europa seit 1800:

Staat	Anteil der Krisenjahre	Zahl der Pleiten
Griechenland	50,6 %	5
Russland	39,1 %	5
Ungarn	37,1 %	7
Polen	32,6 %	3
Spanien	23,7 %	8
Rumänien	23,3 %	3
Österreich	17,4 %	7
Türkei	15,5 %	6
Deutschland	13,0 %	7
Portugal	10,6 %	6
Niederlande	6,3 %	1
Italien	3,4 %	1

(Quelle: FaSZ; 14.03.10; Basis: 66 unabhängige Staaten. Pleiten seit 1800 oder Unabhängigkeit eines Landes. Österreich mit Ungarn; Deutschland mit Deutschem Reich und Vorläuferstaaten; Alle Zahlen berücksichtigen nicht die aktuelle Krise)

Ich gehe davon aus, dass Sie um die traurige Entwicklung in Griechenland wissen. Das Land lebt seit Jahren nur noch von der Hand in den Mund. Dass es noch nicht „untergegangen“ ist, ist den zahlreichen Rettungsprogrammen und einem Schuldenschnitt zu verdanken. Weitere werden folgen, weil nach dem Maastrichter Vertrag kein Land zum Austritt aus der Euro-Zone gezwungen werden kann. Diese Entscheidung kann ein Land nur selbst treffen. Und weil es so ist, müssen immer wieder neue Rettungspakete für Griechenland und andere Eurostaaten geschnürt werden. Man kann schon von einem Kamikaze sprechen, wenn private Anleger diesen Staaten Geld leihen. Sie tun es. Zum einen, weil sie daran glauben, dass die Euro-Zone keinen Staat fallen lassen wird. Bisher lagen sie mit dieser Einschätzung richtig. Zum anderen, weil die klammen Staaten extrem hohe Zinsen zahlen müssen, um Anleger zu locken. Das führt aus Sicht der Anleger zu hohen Renditen. Sie sehen in der unteren Grafik, dass eine griechische Staatsanleihe mit einer Rendite von 40 Prozent zu den Top-Favoriten zählt, am unteren Ende der Renditen im europäischen Vergleich notiert Deutschland.

Renditen europäischer Staatsanleihen:

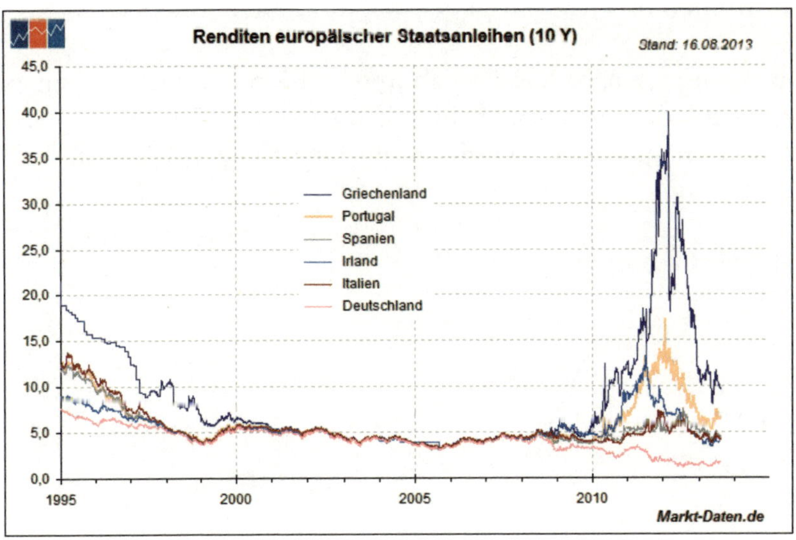

Steigen die Renditen für Anleger, steigen die Kosten für den Staat. Für sich genommen sind 0,5 Prozent Zinsen augenscheinlich wenig. Doch entscheidend ist, auf welche Summe sie sich beziehen. Wenn, wie in Deutschland, eine Schuldenlast von zwei Billionen Euro, also

2.000 Milliarden Euro, zu stemmen ist, führt jede noch so kleine Zinserhöhung zu Mehrausgaben in Milliardenhöhe.

Nun sind ja die Zinsen nicht das einzige „Altlasten-Problem“. 2013 fließen fast vierzig Prozent aller Einnahmen in den Bereich „Arbeit und Soziales“. Von hier werden auch die Renten gezahlt. Es ist heute schon klar, dass das viele Geld nicht ausreichen wird, um die Ausgaben bestreiten zu können. Nach einem Finanzplan des Bundes sollen die Bundeszuschüsse in der Rentenversicherung von 81,2 Milliarden Euro im Jahr 2013 auf 90,1 Milliarden Euro im Jahr 2017 steigen. Das wird dazu führen, dass die Ausgaben von 146 Milliarden Euro (2013) auf fast 160 Milliarden Euro im Jahr 2017 ansteigen werden. Das macht dann 49,5 Prozent der Gesamtausgaben des Bundes aus. Mithin fast die Hälfte der gesamten Einnahmen. Wenn heute schon die Rechnung in Sachen Rente nicht aufgeht, wie soll es dann bei noch höheren Ausgaben funktionieren?

Wenn immer weniger Kinder geboren werden und viele Arbeitsplätze aufgrund der demografischen Entwicklung nicht mehr besetzt werden können, erhebt sich doch nur eine Frage: „Wer soll das bezahlen?“

Anzahl der Geburten:

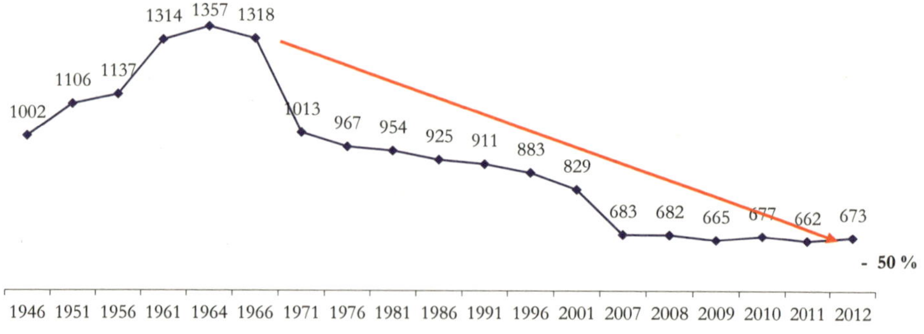

(Quelle: Stat. Bundesamt; Angaben in Tsd.)

Der negative Trend hält leider an. Mit 8,4 Geburten je 1.000 Einwohner hat Deutschland die niedrigste Geburtenrate aller 28 EU-Staaten. Laut der EU-Statistikbehörde Eurostat liegt der Durchschnitt hier bei 10,4 Geburten.

Für 78 Prozent der Deutschen nimmt laut einer Studie des Allensbacher Instituts die Familie den wichtigsten Platz im Leben ein – deutlich vor der Arbeit und den Freunden. „Warum kriegt ihr keine Kinder?“, fragte eine Forsa-Studie[25] im Auftrag der Zeitschrift „Eltern“. Die gute Nachricht: Die Mehrheit der Befragten äußerte den Wunsch, Kinder haben zu wollen. 66 Prozent wollen das auf jeden Fall. Dass sie damit noch warten, hat der Studie zufolge einen Grund: 63 Prozent wollen sich erst eine solide finanzielle Basis schaffen, während für fast jeden zweiten der Beruf Vorrang hat. Allein deshalb sollte die Politik alles daransetzen, die Euro- und Finanzkrise zu lösen, denn dann gäbe es auch wieder mehr junge Menschen, die sich auf das wunderbare Abenteuer Eltern einlassen würden.

> *„Es gibt keine großen Entdeckungen und Fortschritt, solange es noch ein unglückliches Kind auf Erden gibt.“*
>
> Albert Einstein (1879–1955)

Stattdessen aber sind die Verantwortlichen in den Ländern innerhalb der Bundesrepublik Deutschland damit beschäftigt, das Vermögen zu verfrühstücken. Ich nehme mir die Freiheit für diese flapsige, unvernünftige Formulierung. Genauso unvernünftig wie das Verhalten der Länder. Die meisten unter ihnen leben schon seit längerer Zeit auf Pump. Ganz ungeniert bedienen sich die Kommunen bei den so genannten Kassenkrediten, um kurzfristig Liquidität zu schaffen. Damit missbrauchen sie ein Instrument, das zur Vorfinanzierung von zu erwartenden Einnahmen herhalten muss. So wie es für einen Schuldner leicht ist, einen Dispokredit zur Überbrückung kurzfristiger Finanzengpässe zu wählen, so wählen chronisch „blanke“ Kommunen diese „Notfallkredite“ inzwischen zur Finanzierung normaler Ausgaben. Spitzenreiter ist Nordrhein-Westfalen. Fast die

Hälfte der Schulden setzt sich inzwischen aus Kassenkrediten zusammen.

Gesamtverschuldung deutscher Kommunen[26]):
(in Mrd. Euro)

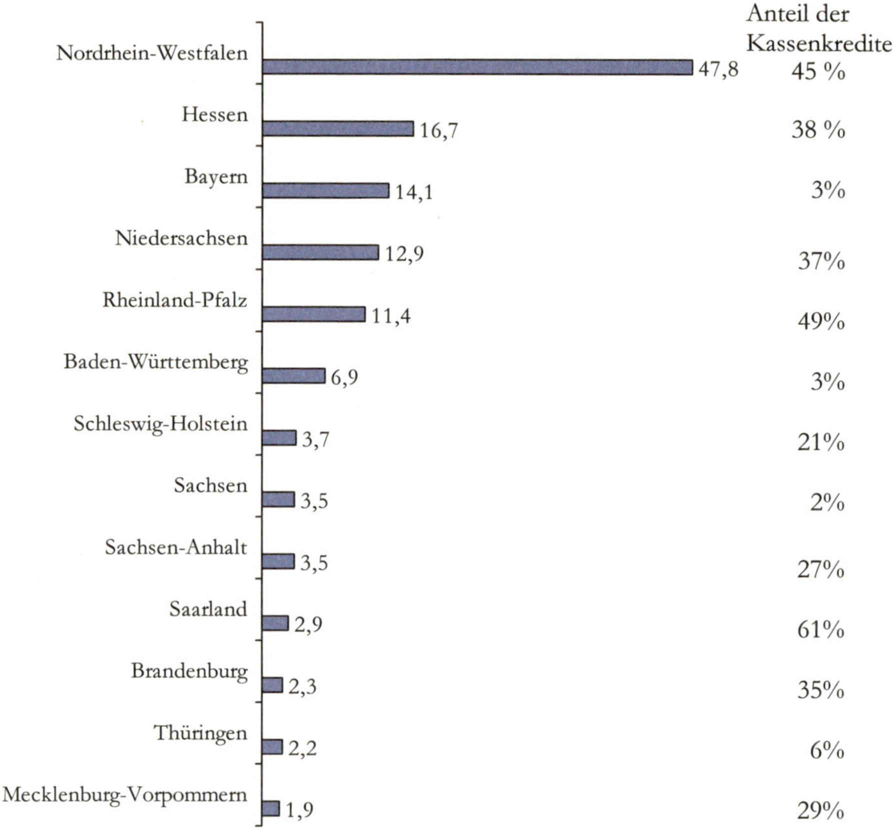

Das Problem bei Schulden ist, dass sie einmal bezahlt werden müssen. Also tatsächlich und nicht mit neuen Schulden! Ein auf Schulden aufgebautes Geldsystem kann sich durchaus etliche Jahrzehnte „halten" und so den „Tag der Fälligkeit" in die Zukunft verschieben, aber nicht ins Unendliche. Und deshalb wird dieser Tag kommen, an dem die Rechnung präsentiert wird. Warren Buffett, einer der reichsten Männer der Welt, hat es einmal so ausgedrückt: *„Erst wenn die Ebbe kommt, wirst du sehen, wer nackt geschwommen ist.“* In der Analogie zur Schuldenkrise zeigt sich dann, wer mit leeren Taschen „auf dicke Hose gemacht hat“ und nun nicht in der Lage ist, seinen eingegangenen Verpflichtungen nachzukommen. Dann könnte das passieren, was die Bundeskanzlerin sagte[27]:

> *„Es gibt das Gerücht, dass Staaten nicht pleitegehen können. Dieses Gerücht stimmt nicht!“*

Bis dahin aber werden die Staaten weiter von Fiat Money leben. „Fiat lux“ heißt übersetzt „es werde Licht“. Fiat Money steht für „es werde Geld“, also die Aufforderung, einfach die Druckerpressen nach Belieben einzuschalten. Genau das passiert seit Jahren.

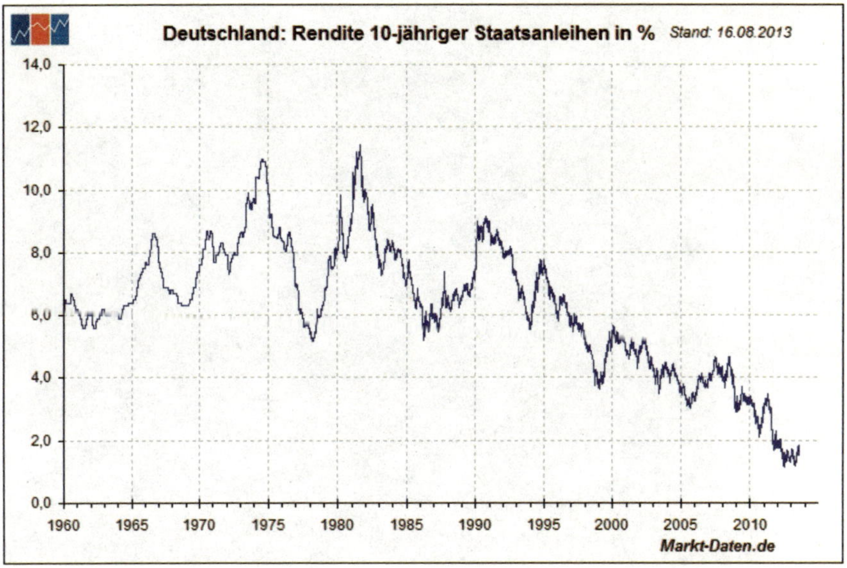

Des Kaisers neue Kleider

Des Kaisers neue Kleider

„Der Mensch will getäuscht sein. Das verlangt seine Natur, welche nach Täuschung lechzt und die Wahrheit mehr fürchtet als Feuer und Schwert.“

Johannes Scherr (1817–1886)

Ein Kaiser ließ sich von zwei Betrügern für viel Geld neue Gewänder weben. Das Besondere an dieser Kleidung war, so die Betrüger, dass sie nur von Personen gesehen werden konnte, die ihres Amtes würdig und nicht dumm waren. Natürlich webten die Betrüger kein einziges Stück, doch gelang es ihnen, den Kaiser davon zu überzeugen, dass sie ihm echte Kleidung übergeben hatten. Selbige zog er sofort über. Aus Eitelkeit und Unsicherheit erwähnte er nicht, dass er die Kleider selbst auch nicht sehen konnte. In einem Festumzug sollte sein Volk Gelegenheit bekommen, des Kaisers neue Kleider zu bewundern. Stolz schritt dieser am Volke vorbei, als ein Kind aus der Menge rief: „Aber er hat ja gar nichts an.“ Bald darauf riefen auch die Untertanen: „Aber er hat ja gar nichts an.“ Der Kaiser erkannte, dass sein Volk Recht zu haben schien. Doch ließ er sich nichts anmerken und setzte die Parade fort.

> *„Alberne Leute sagen Dummheiten, gescheite Leute machen sie.“*
>
> Marie von Ebner-Eschenbach (1830–1916)
> Österreichische Schriftstellerin

Dieses Märchen des dänischen Schriftstellers Hans Christian Andersen aus dem Jahre 1837 ist für mich ein Synonym für die heutige

Banken- und Finanzwelt. Nun sind Banker für gewöhnlich gut gekleidet und stehen mitnichten nackt vor ihren Kunden. Doch schützt die beste Kleidung nicht vor Unwissenheit und Taschenspielertricks. So wie der Kaiser kein Gewand trug, so haben die Banken

überhaupt kein Geld. Sie bedienen sich an anderer Leute Geld, ohne dass diese darum wissen. Ein gefährliches Spiel, das so lange gespielt werden kann, bis einige der Unwissenden aussteigen und damit aus Sicht der Banker richtige Spielverderber sind, weil sie ihnen das Spielgeld abnehmen. Je mehr aussteigen, desto eher ertönt er, der Ruf eines Unbeteiligten: „Seht her, die Banker sind nackt.“ Dass in Andersens Märchen ein Kind die Wahrheit spricht, hat Symbolcharakter. Damals wie heute hat das Wort eines Experten Gewicht. Leichtgläubig und unkritisch wird sein Urteil angenommen. Niemand wagt es, einem Experten zu widersprechen. Auch die Kammerdiener des Kaisers nicht. Aus Angst, ihre Stellung zu verlieren, spricht keiner der Diener trotz besseren Wissens das Offensichtliche aus. Vor die Wahl gestellt, entscheiden sie sich gegen die Wahrheit und damit für ihren ökonomischen Vorteil. Ein „unschuldiges“ Kind steht in keiner wirtschaftlichen Abhängigkeit, sodass es ohne Rücksicht aussprechen darf, was es sieht: einen nackten Kaiser.

Insbesondere die Kunden der 2008 in Konkurs gegangenen US-amerikanischen Investmentbank „Lehman Brothers“ werden sich dieses Märchens erinnern. Im Vertrauen auf die Bank haben sie sehr viel Geld in angeblich sichere Wertpapiere investiert. So wie der Kaiser nicht wahrhaben wollte, dass er keine Kleider trug, so entschieden sich auch die Anleger gegen die Wahrheit und glaubten an zweistellige Renditen mit Sicherheitsgarantie! Nachdem die Bank nach über 150 Jahren Geschäftstätigkeit für immer ihre Türen schließen musste, erfuhren ihre Kunden im wahrsten Sinne des Wortes die nackte Wahrheit. Ihr Geld war weg.

Dabei hätte ihnen eigentlich klar sein müssen, worauf sie sich einließen. Dafür reichen einfache Mathematik und ein genaues Hinschauen auf das bunte Treiben der Finanzhäuser. Gerade weil ihr Geschäft so einfach ist, verstehen es dennoch die wenigsten, und genau das macht das System so gefährlich. Davon war schon Henry Ford (1863–1947) überzeugt. Er meinte: *„Es ist gut, dass die Bürger der Nation nicht unser Banken- und Geldsystem verstehen, denn wenn sie es würden, glaube ich, gäbe es eine Revolution vor morgen früh.“* Diesen Worten schließe ich mich an. Und Sie? Welchen Glauben haben Sie in Bezug auf das Bankensystem?

> *„Eine Bank ist eine Einrichtung, von der Sie sich Geld leihen können, vorausgesetzt, Sie können nachweisen, dass sie es nicht brauchen.“*
>
> Mark Twain (1835–1910)
> US-amerikanischer Schriftsteller

Das Kerngeschäft einer Bank ist der Kredit. Dafür leihen sich die Banken Geld und verleihen es weiter. Diese Beträge sind in der Bilanz aufgeführt. Auf der Habenseite finden sich die Gelder, die die Bank an ihre Kunden verliehen hat. Also Kredite an Unternehmen, private Haushalte und an Häuslebauer. Während der Vertragslaufzeit kassiert die Bank Zinsen. Weil jede Bilanz ausgeglichen sein muss, finden sich auf der Sollseite die Kredite, die die Bank selbst aufgenommen hat. Das sind Spar und Termineinlagen ihrer Kunden, Guthaben auf laufenden Konten und natürlich Gelder, die sich die Bank von anderen Banken geliehen hat. Hier wird deutlich, was Ihr Girokonto bei einer Bank wirklich ist: ein Kredit - natürlich nicht im engeren Sinne. Sie als Inhaber dieses Kontos bringen Ihr Geld zur Bank, was dort aber nicht, mit Verlaub, in einem Schuhkarton aufbewahrt wird. Es wird fast im selben Augenblick der Einzahlung an einen Kunden als Kredit weitergereicht. Somit ist Ihr Geld „arbeiten“ gegangen, weshalb es nicht in einem Safe liegt. Somit ist jeder

Kontoauszug, den Sie in Ihren Händen halten, nur ein nacktes Stück Papier mit ein paar Zahlen, die kein physisch vorhandenes Guthaben belegen. Die dort aufgeführte Summe ist somit nichts anderes als ein Versprechen der Bank, dieses Geld unter bestimmten Bedingungen auszuzahlen. Vorausgesetzt, die Bank geht nicht pleite! Nun gut, dann greift in Europa die Einlagensicherung. Die aber haftet nicht unbegrenzt.

Dennoch geht es ohne Banken nicht! Sie übernehmen mit ihrem Geschäftsmodell eine Schlüsselrolle im Wirtschafts- und Geldkreislauf. Sie führen Kreditgeber und -nehmer zusammen. Trotz ihrer Macht schaffen sie es nicht immer, die unterschiedlichen Interessen beider Parteien so zu bündeln, dass das Risiko für die Bank gegen null tendiert. Wie erwähnt leiht sich die Bank im weitesten Sinne Geld von Ihnen. Dieses Geld können Sie, je nach Art der Anlage, jederzeit zurückverlangen. Genau das kann die Bank nicht, wenn sie Geld z. B. an einen Häuslebauer verliehen hat. Die Laufzeiten dieser Kredite erstrecken sich für gewöhnlich auf etliche Jahrzehnte. Hier zeigt sich das Dilemma, in dem eine Bank steckt. Kurzfristig aufgenommenes Geld langfristig zu verleihen ist hochprofitabel, weil die Bank für Kurzfristgelder weniger Zinsen zahlen muss als sie für langfristig ausgeliehenes Geld bekommt. Solange beide Seiten dieses Spiel mitmachen, ist die Bank fein heraus. Sie verdient prächtig und darf sich sicher fühlen. Schließlich sind die ausgeliehenen Gelder durch Sicherheiten bestmöglich geschützt.

Richtig ungemütlich wird es für eine Bank, wenn Sie und viele andere Kontoinhaber plötzlich an Ihr Geld wollen und selbiges abheben.

Das passiert häufiger, als gemeinhin angenommen wird. Es müssen nicht immer Krisen sein, die die Menschen dazu bringen, ihr Geld abzuheben. Da reichen schon steigende Zinsen aus, um einer Bank das Leben zu erschweren. Der Kreditnehmer ist durch eine so genannte Zinsfestschreibung vor steigenden Zinsen geschützt. Die Bank weniger. Steigt das allgemeine Zinsgefüge am Markt, verlangen die Kunden der Bank höhere Zinsen für ihr Erspartes. Kommt eine Bank diesem Wunsch nicht nach, kann der Sparer sein Geld innerhalb kurzer Fristen vom Konto abziehen. Um das zu verhindern, wird die Bank die Sparzinsen anheben. Die daraus entstehenden Mehrkosten kann sie nun nicht auf bestehende Kredite umlegen. Hier schützen Verträge den Kunden. Nur bei neuen Vertragsabschlüssen oder Dispokrediten sind fortan die höheren Kreditzinsen zu zahlen.

„Geld gleicht dem Dünger, der fast wertlos ist, wenn man ihn nicht ausbreitet."

Sir Francis Bacon (1561–1626)
Englischer Staatsmann und Philosoph

Niedrige Zinsen bereiten Sparern keine Freude, höhere sehr wohl. Und weil viele Sparer noch auf alten Verträgen mit deutlich höheren Zinsen sitzen, ächzen nicht selten Banken unter diesen Verpflichtungen. Mit anhaltend niedrigem Zinsniveau nimmt das Bestreben der Banken zu, Kunden mit aller Gewalt aus den alten Verträgen zu drängen. Teilweise mit dreisten, unlauteren Methoden. In ihren Schreiben drohen Geldinstitute ihren Kunden vor Ablauf der fest vereinbarten Vertragslaufzeit mit einer Kündigung, die sie mit Verweisen aufs Bürgerliche Gesetzbuch begründen[28]. Dort findet sich mitnichten eine solche Regelung. Nach Angaben der Verbraucherzentrale Baden-Württemberg werden selbst Kunden von Bausparkassen mit zuteilungsreifen Verträgen unter Druck gesetzt, endlich das Darlehen in Anspruch zu nehmen, ansonsten drohe ihnen die Kündigung, was ebenfalls nicht rechtens ist.

Hier zeigt sich wieder einmal, wie kreativ Finanzexperten sein können, wenn es darum geht, unliebsame Kunden loszuwerden. Unliebsam nur deshalb, weil sie auf ihr Recht pochen, weiterhin an Verträgen mit höheren Sparzinsen festzuhalten. So wie es die Banker auch von Kreditnehmern verlangen, die vor Jahren zu höheren Zinsen Kreditverträge abgeschlossen haben, aus denen sie heute nicht herauskönnen, nur weil das allgemeine Zinsniveau gesunken ist.

Neben der unsteten Zinsentwicklung gibt es ein weiteres Problem der Banken: der Wertverlust bei Immobilien. Wie erwähnt liegen die Vertragslaufzeiten der Kreditverträge bei rund 30 Jahren. So weit im Voraus kann niemand verbindlich die Zukunft vorhersagen. Entgegen der landläufigen Meinung, Immobilien steigen im Wert, weshalb eine Finanzierung in diesem Bereich als weniger risikoreich gilt, weiß es manche Bank inzwischen besser. Die Zeiten haben sich dramatisch verändert. Aufgrund der demografischen Entwicklung veröden zahlreiche Dörfer, insbesondere in strukturschwachen Gebieten. Dort, wo vor zwanzig Jahren noch das Leben pulsierte, macht sich Tristesse breit. Die Jugend zieht dorthin, wo sie Arbeit findet, während die Alten zurückbleiben. Segnen sie das Zeitliche, müssen die Erben das Haus weit unter Wert verkaufen, so sie überhaupt einen Käufer finden. Bleibt zu wünschen, dass der erzielte Kaufpreis ausreicht, um den gesamten Bankkredit zu tilgen.

Noch dramatischer verläuft es aus Sicht der Bank, wenn die Kreditnehmer ihre Darlehen nicht mehr bedienen können. Vor Krankheit oder Arbeitslosigkeit ist selbst der ehrlichste Kreditnehmer nicht geschützt. Im Einzelfall kann die Bank dieses Problem aussitzen. Schwieriger wird es, wenn Hunderte oder sogar Tausende von Kunden keine Zahlungen mehr leisten, weil sie schlichtweg pleite sind. So geschehen 2007. Deutsche Banken kauften in der Zeit davor vermeintlich sichere Wertpapiere von amerikanischen Banken. Diese hatten in den Jahren zuvor fast jeden Amerikaner, der ein Einfamilienhaus kaufen wollte, großzügig finanziert. Persönliche Sicherheiten spielten dabei nur eine geringe Rolle. Teilweise brauchten potenzielle Häuslebesitzer noch nicht einmal ein festes Familieneinkommen. Allein der steigende Wert des Hauses reichte den Bankern als Sicherheit. Tatsächlich stiegen die Preise etliche Jahre, was nicht wirklich überrascht. Ausgelöst durch die großzügige Kreditvergabe der Banken hatte die Nachfrage nach Häusern extrem zugenommen, das Angebot hingegen war begrenzt, und das wirkte sich preiserhöhend aus – nicht werterhöhend! Teilweise explodierten die Verkaufspreise sogar. Selbst die schäbigste und billigst zusammengenagelte Bruchbude im Wert von ein paar Tausend US-Dollar war quasi über Nacht 50.000 US-Dollar wert. Irgendwann erkannten die spielsüchtigen und von Gier getriebenen Banker, dass ihr perfides Spiel nicht unendlich gespielt werden konnte. Schließlich zahlten ihre Kunden schon lange keine Raten mehr, wenn überhaupt, dann sehr unregelmäßig. Zudem ließ die Nachfrage sprunghaft nach, weshalb die Häuserpreise in den Keller purzelten.

„Kleine Schurkereien nennt man kriminell, große historische Taten."

Herbert Reinecker (1914–2007
Autor und Journalist

Also ließen sich die findigen Banker etwas einfallen, was Jahre später die Welt an den finanziellen Abgrund bugsieren sollte. Ein amerikanischer Investmentbanker erklärte später im US-Fernsehen das Geschäftsmodell. Ohne Anflug von Reue sagte er, dass seine Bank die mit Schrottimmobilien besicherten Hypotheken von arbeitslosen US-Bürgern mehrfach umverpackte und das daraus geschnürte Paket ahnungslosen (!) Käufern andrehte. Die ahnungslosen Käufer waren in der Regel Banken! Sie kauften nicht nur eine Hypothek, sondern Hunderte, die Inhalt des Pakets waren. Die Banker glaubten, ihr Geld sei dadurch sicher in amerikanischen Immobilien angelegt. Doch Glauben und Wissen sind bekanntlich zwei Paar Schuhe. Tatsächlich wurden die Banker von ihren amerikanischen Kollegen vorgeführt, ohne dass sie es merkten. Später mag sich der eine oder andere „Paketkäufer“ an Goethes „Faust“ erinnert haben. Faust sagt: *„Da steh ich nun, ich armer Tor, und bin so klug als wie zuvor. Heiße Magister, heiße Doktor gar und ziehe schon an die zehn Jahr herauf, herab und quer und krumm, meine Schüler an der Nase herum. Und sehe, dass wir nichts wissen können. Das will mir schier das Herz verbrennen“.*

Nun gut, die deutschen Banker verbrannten „nur“ Geld, weil einige unter ihnen mit dem Begriff „Herz“ nichts anfangen konnten. Sonst hätten sie nicht so dreist und herzlos ihre eigenen Interessen durchgeboxt, so wie der ehemalige Bankmanager Georg Funke. Unter seiner Ägide schlitterte die Hypo Real Estate (HRE) faktisch in die Pleite. Nur durch das Einschreiten des Staates konnte die Katastrophe noch abgewendet werden. Funke musste seinen Hut nehmen. Doch von Reue keine Spur. Er zog vor Gericht, klagte auf eine Gehaltsnachzahlung von 150.000 Euro, die ihm zugebilligt wurde. Dann folgte die Klage auf eine Abfindung von 3,5 Millionen Euro sowie Rentenansprüche. Das lässt jeden Anstand vermissen, zumal wir deutschen Steuerzahler mit einem dreistelligen Milliardenbetrag für sein Missmanagement geradestehen. Umgerechnet „bürgt“ jeder Steuerzahler mit umgerechnet 1.500 Euro – wohlgemerkt für eine (!) Bank. Zudem lecken sich die Aktionäre der HRE ihre Wunden. Nach der Verstaatlichung wurden sie „staatlich enteignet“. Für jede ihrer Aktien erhielten sie eine Abfindung von 1,30 Euro. Zu ihren besten Zeiten (2006) notierte die HRE-Aktie bei knapp 60 Euro. So gesehen ein Verlust von 98 Prozent für den, der seinerzeit zum Höchstkurs kaufte, und damit quasi ein Totalverlust. Womit wieder einmal bewiesen ist, dass eine Aktie zwar ein sicheres Sachwert-Investment ist, aber eben kein absolut sicheres. Wie beim Papiergeld kann auch hier der Wert gegen null gehen. Das werden Sie beim Gold nie erleben.

Kommen wir zurück auf die desaströse Paket-Inszenierung der US-Banker. Auf die Frage des Moderators, warum die Käufer diese besondere Form der Abzocke nicht merkten, sagte der Ex-Banker: *„Ich nenne die Subprime-Produkte[1] nicht so, wie sie eigentlich heißen müssten: „Ramschhypotheken arbeitsloser Südstaatler, die in einem Netzhemd vor ihrer Bruchbude sitzen", sondern „High-Grade Structured Credit Strategies Leverage Fund."*

Natürlich greift es zu kurz, hier nur den Bankern und Beratern die Schuld in die Schuhe zu schieben. Das große monetäre Rad, das vor Ausbruch der Finanzkrise gedreht wurde, konnte sich nur drehen, weil alle wichtigen Institutionen mitdrehten. *„Gier frisst bekanntlich Hirn"*, lehrt eine Redensart. Problematisch wird es, wenn Konsumenten im guten Glauben handeln, weil sie auf ein Siegel achten, das etwas über die Wertigkeit eines Produktes aussagt. Stellt sich später heraus, dass dieses Siegel eine Fälschung war, müssten die Verantwortlichen zur Rechenschaft gezogen werden. Ansonsten ist es um die Glaubwürdigkeit schlecht bestellt.

„Die Welt hat genug für jedermanns Bedürfnisse, aber nicht für jedermanns Gier."

Mahatma Gandhi (1869–1948)
Indischer Pazifist

So wie z. B. ein Bio-Siegel bestätigt, dass Bio drin ist, wo Bio draufsteht, um es salopp auszudrücken, so müssen die von den Rating-Agenturen vergebenen „Qualitätssiegel" verlässlich sein. Genau das aber sind sie nicht immer, womit wieder einmal der Anleger ratlos zurückbleibt. Das hat die Finanzkrise deutlich gezeigt. Wenn schon nicht mehr auf das Urteil namhafter Ratingagenturen gezählt werden kann, auf was soll ein Anleger dann noch zählen? Auf Gold – meiner Meinung nach! Das ist „fälschungssicher".

Die wesentliche Aufgabe der Ratingagenturen besteht darin, die Bonität von Unternehmen und Staaten zu bewerten. Die privat geführ-

[1] Subprime sind Hypothekendarlehen an Schuldner mit zweitklassiger Bonität.

ten Unternehmen benoten ihr Ergebnis für gewöhnlich mit „Triple A“, also dreimal A, oder wie die Agenturen schreiben: AAA. Das ist die Bestnote, ähnlich der Schulnote Eins. Eine glatte Sechs wäre im übertragenen Sinne der Buchstabe D, der für Zahlungsunfähigkeit steht. Anleger schauen auf diese Benotung, um das Für und Wider einer von ihnen geplanten Geldanlage verlässlicher abwägen zu können. Gerade deshalb sollen, ja müssen sie sich auf das Urteil dieser Ratingagenturen verlassen können. Auch wenn es mehrere Agenturen gibt, so teilen die drei großen den Markt unter sich auf. Sie alle sind private Unternehmen mit Sitz in den USA. Sie heißen:

- Fitch Ratings
- Standard & Poor's (S&P)
- Moody's.

Das Verhalten der hinter diesen Namen stehenden Personen vor und während der Finanzkrise ist mehr als zweifelhaft, weil undurchsichtig. Dazu schreibt z. B. die CDU/CSU-Fraktion im Deutschen Bundestag in ihrer Ausarbeitung[29] *„Die Krise als Aufbruch – Regulierung der Ratingagenturen verbessern“:*

> *„Zur Krise haben nicht nur Fehlentwicklungen bei den Banken beigetragen. Auch die Ratingagenturen tragen eine Mitschuld. Sie haben schlicht versagt. Keine der großen Agenturen hat vor dem gewarnt, was dann die Welt erleben musste. Die abenteuerlichen Kreditgeschäfte, die die Wirtschaft in den Abgrund gerissen haben, schienen ihnen gänzlich unbekannt gewesen zu sein. Dabei ist nicht zu bestreiten, dass Ratingagenturen durchaus ihre Berechtigung haben. Sie müssen aber auch zu vernünftigen Ergebnissen kommen …“*

Tatsächlich waren es Ratingagenturen, die vor Jahren Schrottanleihen auf Triple A setzten, also mit Bestmarke versahen und so im weitesten Sinne den Anlegern Sand in die Augen streuten. Bis heute ist nicht geklärt, warum sie genau das taten. An Spekulationen, dass ihnen die Produktanbieter Geld dafür zahlten, damit sie bei den ihnen zur Prüfung vorgelegten Papieren nicht so genau hinschauten, möchte ich mich nicht beteiligen. Bewiesen ist hierzu nichts.

Gestatten Sie mir allerdings einen kleinen Seitenhieb. Die Rating-Agentur Moody's, nach ihrem Gründer John Moody benannt, wurde 1909 in New York gegründet. Seinerzeit lieferte die Agentur Ratings zu Eisenbahn-Anleihen gegen Bezahlung an Investoren. Seit Anfang der 1970er-Jahre verlangt die Agentur Gebühren nicht mehr von den Investoren, sondern von den Emittenten, also von denen, die Anleihen verkaufen wollen. Diese sind in Sachen Geld wesentlich euphorischer als Anleger, die den Emittenten ihr Geld zur Verfügung stellen. Eine falsche Entscheidung kann sie immerhin um ihren gesamten Kapitaleinsatz bringen. Ist es daher Zufall, dass der englische Begriff „Moody" ins Deutsche übersetzt laut Lexikon steht für: *„in düsterer Stimmung"; „launisch und mürrisch"*?

Ähnlich spektakulär die Übersetzung des Namens der Agentur „Standard & Poor's". Übersetzt ins Deutsche stehen diese Begriffe für *„maßgebend ärmlich"*. Im Englischen heißt ein Iltis „Fitch", so wie die dritte Agentur im Bunde der großen Drei. Den Marder nennen Europäer auch Stänker[30]. Mit Blick auf die Haltung und Arbeit der Agenturen sind diese Feststellungen bemerkenswert.

Die meisten Berater, die vorsätzlich und unter Vorspiegelung falscher Tatsachen handelten, wurden nicht bestraft. Mit Genugtuung nehme ich nun zur Kenntnis, dass nicht alle Anlageberater unbeschadet aus dieser Affäre kommen. So hat z. B. ein US-Gericht den GoldmanSachs-Mitarbeiter Fabrice Tourre, den sie alle nur „Fabelhafter Fab" nannten, im August 2013 für seine Machenschaften zur Rechenschaft gezogen. Beim Verkauf von Hypothekenpapieren an seine Kunden verschwieg er wichtige Informationen. In den Turbulenzen verloren die Papiere extrem an Wert. In den Medien ist von einer Milliarde US-Dollar die Rede, die von der Bank quasi versenkt wurden. In einer später veröffentlichten E-Mail an seine Freundin soll Tourre gescherzt haben, Schrottpapiere an „Witwen und Waisen" verkauft zu haben. Diese Aussage bedauerte er im Verfahren. Fakt ist, dass er und die Bank ihren Kunden verschwiegen haben, dass der mächtige Hedgefonds Paulson & Co bei der Auswahl der dort enthaltenen Hypotheken mitgewirkt und dann auf ein Scheitern gewettet hatte! Mit anderen Worten: Man wusste, dass die Rechnung nicht aufgehen würde. Paulson war letztlich der Gewinner der Finanzwette, während die Bankkunden mit leeren Händen dastanden.

„Stiehl ein Kamel und sie hängen dich. Stiehl eine Herde und sie verhandeln mit dir."

Hans Kasper (1916–1990)
Deutscher Schriftsteller

Wobei ich an dieser Stelle den Stab nicht nur über die Finanzwelt brechen möchte. Alles in allem ist es auch eine Frage des Bewusstseins. Nur mit dem Finger auf andere zu zeigen, sie für das Elend verantwortlich zu machen, sich selbst indes aber als unschuldiges, ahnungsloses Opfer zu sehen, verdreht den Sachverhalt. Wir können uns doch nicht ernsthaft über schlecht bezahlte Mitarbeiter bei Discountern beschweren, wenn wir gleichzeitig dort einkaufen, um Geld zu sparen. Wir regen uns über Massentierhaltung auf, verlangen aber, dass das Kilo Fleisch zum Preis von unter 5 Euro angeboten wird. Gleichzeitig haben wir kein Problem damit, 5 Euro für eine Schachtel Zigaretten auszugeben. Wir wollen das Klima schützen, verzichten im Winter aber nicht auf frische, knackige Äpfel, die per

Luftfracht von Neuseeland um die halbe Welt geflogen werden. Wir regen uns darüber auf, dass es zu wenige Kinder gibt, sind aber nicht bereit, neben einem Kindergarten zu wohnen.

Ähnlich verhält es sich mit dem Geld. Wenn eine Bank eine „sichere" Anlage zu drei Prozent anbietet, die Konkurrenzbank sechs Prozent bietet, wohin wird für gewöhnlich der geldgierige Anleger gehen? Dahin, wo es für sein Geld noch mehr Geld gibt. Woher es kommt? Nun, wer will denn das so genau wissen? Hauptsache die Rendite stimmt. Doch floppt die Anlage, sind plötzlich die bösen Berater die alleinigen Schuldigen, die einem diese „unsichere" Anlage geradezu aufgedrängt hatten. Wenn der Markt durchschnittlich nur zwei Prozent Zinsen bietet, wie viel Grips braucht es, um sich die Frage zu stellen, woher das Mehr an Rendite kommen soll? Gut beraten ist der, der eine Plausibilitätsprüfung vornimmt, bevor er sein Geld anderen anvertraut. Hierzu ein Beispiel.

Bevor Sie die Unterschrift unter eine Kapitalanlage setzen, müssen Sie sich informieren, damit Sie sich vom Wahrheitsgehalt der Angebote persönlich überzeugen können. Im digitalen Zeitalter ist das extrem einfach. Sie brauchen hierzu nur ein paar Klicks, um im Bilde zu sein. Hierzu gehen Sie auf ein Finanzportal, z. B. www.onvista.de. Hier erhalten Sie interessante und wichtige Informationen rund ums Geld und für jedermann verständlich. Festverzinsliche Wertpapiere zählen zu der Gruppe der Anleihen. Die durchschnittliche Verzinsung der Anleihen entnehmen Sie der Umlaufrendite[2].

[2] Die Umlaufrendite ist die durchschnittliche Rendite aller im Umlauf befindlichen inländischen festverzinslichen Wertpapiere erster Bonität (z. B. deutsche Staatsanleihen) in Euro (andere Währungen werden nicht berücksichtigt). Ermittelt wird die Rendite von der Deutschen Bundesbank.

Umlaufrendite:

Anleihen Marktübersicht

Wert	Aktuell	Abs.	%	Datum	Uhrzeit
Bund Future	140,17	-0,78	-0,55%	15.08.	15:14:08
Bobl Future	124,91	-0,28	-0,22%	15.08.	15:14:13
Schatz Future	110,31	-0,04	-0,03%	15.08.	15:13:06
Rex	440,21	-0,11	-0,03%	15.08.	13:00:00
EONIA	0,08 %	+0,00	+3,90%	14.08.	19:04:59
Umlaufrendite	1,50 %	+0,04	+2,74%	14.08.	14:00:00
EUR/USD	1,3231	-0,0032	-0,24%	15.08.	15:29:16

Die Umlaufrendite wird in diesem Fall tagesaktuell mit 1,5 Prozent angegeben. Sie können nun sicher annehmen, dass Sie auf Ihr Spargeld, das Sie bei Ihrer Bank hinterlegt haben, nicht mehr als diese 1,5 Prozent bekommen (von kleinen Schwankungen abgesehen). Wenn Sie nun wissen wollen, wie viel Zinsen andere Banken Ihnen z. B. für Ihr Geld zahlen, haben Sie ebenfalls großartige Möglichkeiten, quasi „just in time" via Internet die Konditionen abzufragen. Es gibt einige Portale im Internet, die Sie mit interessanten Informationen rund um die Kapitalanlage versorgen, wie z. B. www.biallo.de.

„Wer nur um den Gewinn kämpft, erntet nichts, wofür es sich lohnt zu leben."

Antoine de Saint-Exupéry (1900–1944)
Französischer Schriftsteller und Pilot

In dem Moment, in dem ich die Umlaufrendite abgerufen habe, rufe ich sofort die tagesaktuellen Zinsen für Sparguthaben ab. Bei Drucklegung dieses Buches lag die Umlaufrendite bei 1,5 Prozent, für Erspartes gab es zur selben Zeit folgende Zinsen:

Tagesgeld Top 5 Anbieter:

		Ertrag	Zinssatz	Wertung
1	RaboDirect	75,09 €	1,50 %	★★★★½
2	ING DiBa	75,00 €	1,50 %	★★★★½
3	Südtiroler Sparkasse Cassa di Risparmio	75,00 €	1,50 %	
4	mon@you	72,50 €	1,45 %	★★★★★
5	Audi Bank	70,08 €	1,40 %	★★★★½

Sie erinnern sich? Die Umlaufrendite liegt im Vergleichszeitraum bei 1,5 Prozent. Exakt 1,5 Prozent Zinsen erhalten Sie bei den ersten drei Banken, die unter „Top“ geführt werden. Alle anderen bieten weniger.

Sie sehen, es sind nur zwei kleine Handlungen, die Sie als Anleger tätigen müssen, um immer auf dem neuesten Stand zu sein. Bietet Ihnen nun ein Anleger drei, vier oder gar fünf Prozent für Ihr Geld, wissen Sie, Plausibilitätsprüfung sei Dank, dass hier etwas nicht stimmen kann. Niemand hat etwas zu verschenken. Woher also soll eine Zinsdifferenz von drei bis vier Prozent kommen, wenn das allgemeine Zinsgefüge bei 1,5 Prozent liegt? Sie sind gut beraten, genau auf das zu hören, was Ihnen der Berater einzuflüstern versucht. Denken Sie immer daran: Jeder Berater braucht Ihren Abschluss. Die Frage ist nur, wie leicht Sie es ihm machen. Und vergessen Sie darüber hinaus auch nicht eine alte Anlegerweisheit:

„Es gibt wenige fähige Berater, aber viele, die zu allem fähig sind.“

Mit dem richtigen Wissen ums Geld trennen Sie die sprichwörtliche Spreu vom Weizen. Im besten Fall brauchen Sie gar keinen Berater für Ihre Geldangelegenheiten. Arbeitslos werden die Berater dadurch nicht. Für sie gibt es noch genug zu tun. Deutschland ist groß, und viele Menschen sind einfach zu bequem, sich selbst zu kümmern. Beim Gold ist das auch nicht viel anders. Im Grunde genommen brauchen Sie mich, den Edelmetallhändler, gar nicht. Sie haben gelernt, dass das Internet alle Informationen sekundengenau parat hält für den, der weiß, wonach er schauen muss. Ebenfalls über onvista.de können Sie den aktuellen Goldpreis abrufen. Der wird gleich auf der Startseite angezeigt:

Goldpreis:

Wert	akt. Kurs	+/-	in %	Datum	Zeit	Top/Flop	Aktion
DAX	8.417,44	+19,55	+0,23%	23.08.	17:32:52		
CGAX	8.419,92	-1,79	-0,02%	23.08.	17:47:23		
MDAX	14.845,14	+60,63	+0,41%	23.08.	17:47:36		
TecDAX	1.036,00	-2,00	-0,19%	23.08.	17:46:22		
EURO STOXX 50	2.827,61	+8,00	+0,28%	23.08.	17:45:40		
SMI	8.006,90	+18,30	+0,22%	23.08.	17:30:55		
ATX	2.509,16	+22,10	+0,88%	23.08.	17:29:59		
Dow Jones	14.980,60	+15,66	+0,10%	23.08.	17:47:38		
S&P 500	1.661,81	+3,36	+0,20%	23.08.	17:47:21		
NASDAQ 100	3.117,88	+15,54	+0,50%	23.08.	17:47:40		
Nikkei 225	13.681,77	+110,20	+0,81%	23.08.	17:47:06		
MSCI World	1.497,79	+8,14	+0,54%	22.08.	16:00:00		
Bund Future	139,64	-0,09	-0,06%	23.08.	17:32:52		
Dollarkurs (EUR/USD)	1,3396	+0,0042	+0,31%	23.08.	17:47:51		
Ölpreis (WTI)	106,09	+0,95	+0,90%	23.08.	17:47:08		
Goldpreis (USD)	1.397,00	+21,80	+1,58%	23.08.	17:47:51		
Silberpreis (USD)	23,79	+0,67	+2,89%	23.08.	17:47:00		

Wie an anderer Stelle bereits erwähnt, folgt Gold kaufmännischen Regeln von Angebot und Nachfrage. Wenn Sie 1.000 Euro investieren wollen, sind Sie für einen Goldhändler ein „normaler“ Kunde. Ein Tagesgeschäft eben, das sprichwörtlich zwischen Tür und Angel abgewickelt wird. Sie legen 1.000 Euro auf die Ladentheke und erhalten im Gegenwert das begehrte Edelmetall. Wenn ich als Edelmetallhändler für meine Kunden Gold kaufe, dann sind die Beträge, die ich ausgeben möchte, deutlich höher. Deshalb kann ich deutliche günstiger einkaufen als der Einzelne.

In Sachen Geld verhält es sich so, wie es einst Henry Ford formulierte:

„Ich prüfe jedes Angebot. Es könnte das Angebot meines Lebens sein.“

In Sachen Geld ist diese Haltung GOLD wert. Doch warum wurde in den letzten Jahren in Sachen Geld weniger geprüft und weniger hingeschaut? Vielleicht verhält es sich damit, wie es einst der englische Essayist Charles Caleb Colton (1780–1832) erklärte: *„Prüfungen sind deshalb so scheußlich, weil der größte Trottel mehr fragen kann, als der klügste Mensch zu beantworten vermag.“*
Dabei sagt schon der Volksmund:

„Drum prüfe, wer sich ewig bindet, ob sich nicht etwas Besseres findet.“

Hätten die deutschen Finanzinstitute die Angebote aus Amerika besser geprüft, hätten sie, da bin ich mir sicher, in Gold statt in Immobilien investiert. Dann sähe ihre Bilanz heute deutlich besser aus, so sie überhaupt noch eine Bilanz erstellen können. Einige Banken haben die Krise bekanntermaßen nicht überlebt. Wer weiß, vielleicht hätten ihre Institute die Finanz- und Bankenkrise überlebt, hätten ihre Mitarbeiter jedes an sie herangetragene Angebot genauestens auf Plausibilität geprüft, statt blind zu vertrauen. Schließlich verlangen Berater wie Banker ja auch von ihren Kunden, nur das zu unterschreiben, was sie verstanden haben. Würden sich die Rat suchenden Kunden daran halten, bräche das Geschäft der Banken zusammen. Es gibt kaum noch Produkte aus ihren Instituten, die Außenstehende verstehen. Viel zu oft werfen die Anbieter mit englischen Fachbegriffen um sich, die sie selbst auch nicht mehr verstehen. Aber das ist nicht wichtig, Hauptsache, man kann sich mit diesen Begriffen von den „Normalsterblichen“ und ahnungslosen Kunden abgrenzen, um sich so als Experte zu präsentieren. Quasi als der Retter in der Not, der seine Kunden nicht im Regen stehen lässt.

„Gold ist Geld und nichts anderes.“

J. P. Morgan (1837–1913)
US-amerikanischer Bankier

Doch bekanntlich kommt Hochmut vor dem Fall. Was keiner für möglich hielt, passierte. Die Banker wurden selbst zu Opfern ihrer eigenen Anglizismen. Sie wussten schlichtweg nicht, was sich hinter den wohlklingenden englischen Begriffen aus Übersee verbarg. Man kann es auch anders ausdrücken: Sie kauften die sprichwörtliche Katze im Sack. Damit holten sie im übertragenen Sinne die US-amerikanische Immobilienkrise nach Deutschland.

Aufgrund der gewaltigen Summen, die sie für die Pakete nach Amerika überwiesen, standen etliche Banken vor dem Ruin. Es ist den deutschen Steuerzahlern zu verdanken, dass diese Banken noch am Leben sind. Etliche Milliarden Euro überwies der deutsche Staat, der selbst vor der Pleite steht, an die Institute. In einem Fall übernahm der Staat sogar eine Bank. Seit 2009 ist die Hypo Real Estate Holding (HRE) im Besitz des deutschen Steuerzahlers, der mit einer Garantiesumme von 123,98 Milliarden Euro seinen Kopf hinhält. Von den 7,7 Milliarden Euro, die als direkte Hilfe aus dem so genannten

Finanzmarktstabilisierungsfonds (SoFFin) gezahlt wurden, will ich erst gar nicht reden. Darüber hinaus stieg der Staat im selben Jahr bei der zweitgrößten Großbank Deutschlands ein, der Commerzbank AG. Und zuvor flossen rund zehn Milliarden Euro aus dem SoFFin. Dann übernahm der deutsche Staat 25 Prozent und eine Aktie.

MRC
M-
Erklärung zur
Kirchensteuer auf
Steuernummer
An das Finanzamt

(S)teuer

S(t)euer

„Am schwersten auf der Welt zu verstehen ist die Einkommensteuer.“

Albert Einstein

Banken finanzieren nicht nur natürliche und juristische Personen, sondern auch Staaten, denen sie großzügige Kredite eingeräumt haben, weil, so die Expertenmeinung, Staaten selten bis gar nicht Pleite gehen können. Diese ihre Rechnung geht immer weniger auf. Die Zahl der Staaten aus der Euro-Zone, die Schwierigkeiten haben, die aufgenommenen Kredite zurückzuzahlen, wächst. Das einst so sichere Staatsgeschäft ist zu einem milliardenschweren Verlustgeschäft geworden. Niemand weiß, wie hoch die Summen sein werden, mit denen insbesondere die Bürger anderer Staaten den Konkurs vermeiden müssen. In jedem Fall dürften sie extrem hoch sein, wie ein Blick auf den Schuldenstand zeigt. In drei Viertel der EU-Staaten gibt es höhere Schuldenberge als je zuvor.

In der Euro-Zone ist eine Begrenzung des Staatsdefizits auf drei Prozent des Bruttoinlandsprodukts (kurz BIP) festgelegt worden. Überdies darf die maximale Gesamtverschuldung 60 Prozent des BIP nicht überschreiten. Wenn sich alle Länder an Gesetz und Recht halten würden, gäbe es wohl kaum die Auswüchse, die seit Jahren zu beobachten sind. Griechenland, Italien, Portugal, Irland und Belgien, sie alle liegen inzwischen über 100 Prozent. Wo, so fragt man sich, ist denn das viele Geld der Steuerzahler geblieben, das in einige dieser Länder geflossen ist? Zudem wurde mit den zahlreichen Rettungspaketen keines der Probleme wirklich gelöst. Nur weil Geld fließt, stabilisiert sich doch kein Finanzsystem. Das Gegenteil ist der Fall.

Schuldenstand in Prozent des BIP

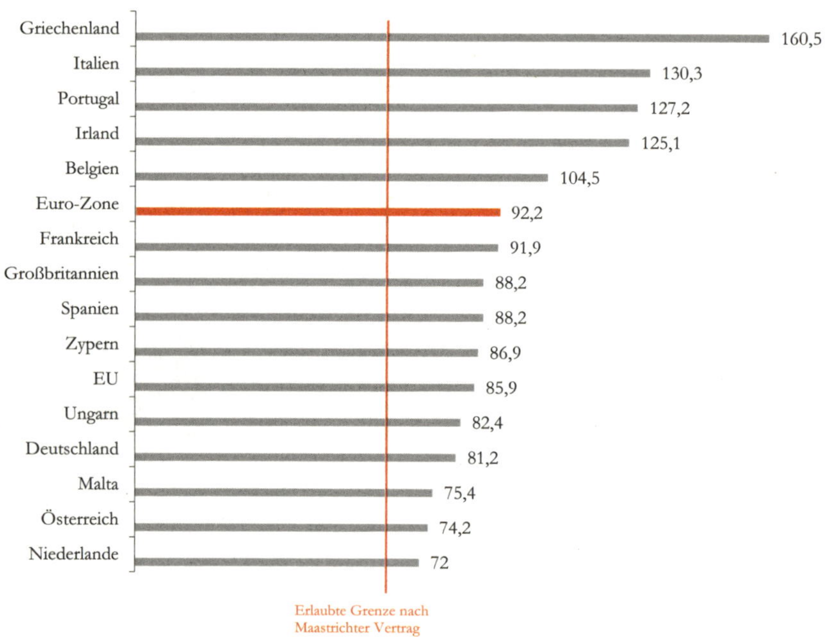

(Quelle: Eurostat; 1. Quartal/2013. Die Angaben beziehen sich auf den Gesamtstaat und beinhalten die Schulden des Zentralstaats, der Länder, der Gemeinden und Kommunen sowie der Sozialversicherungen. So betrug z. B. im 1. Quartal 2013 die Staatsverschuldung von Griechenland 160,5 Prozent des Bruttoinlandsprodukts.)

Diese Situation macht deutlich, dass das Projekt Euro Spitz auf Knopf steht. Dabei hatte es nie eine realistische Chance, weil schon seine Geburt missglückte. Der Euro ist eine Währungsunion, also so eine Art Ehe mit mehreren Partnern. Einige EU-Länder haben sich zusammengetan und ein gemeinsames Kind gezeugt: den Euro. Das allein garantiert keinen Erfolg. Entscheidend für den Erfolg einer Währungsunion ist, dass sich die Mitglieder auf eine gemeinsame Politik einigen. Dass also Defizitländer die deflatorischen Anpassungen vornehmen und nicht stattdessen die Überschussländer zu einer inflatorischen Politik zwingen wollen. Oder dass die Mitglieder die gemeinschaftlich beschlossene Geldpolitik durch ihre Fiskalpolitik nicht boykottieren.

> *„Ein Optimist kauft Gold und Silber, ein Pessimist Konserven.“*
>
> Börsenweisheit

In der Geschichte sind alle Währungsunionen gescheitert, weil sie sich nicht auf eine gemeinsame Geld- und Finanzpolitik einigen konnten oder wollten. Überdies hat die Geschichte gezeigt, dass am Ende einer jeden Epoche Bürokratie, Verschuldung und Staatsbankrott standen. Daran wird der Euro auch nichts ändern. Im Gegenteil: Er wird den Untergang noch beschleunigen. Wie erwähnt, keine einzige Währungsunion hat in den letzten Jahrhunderten überlebt. Warum sollte es gerade beim Euro anders sein? Zu viele Euroländer betreiben Kirchturmpolitik, also schauen auf das, was in ihrem eigenen Land wichtig ist. Wenn aber das große Ganze weniger wichtig ist, sollte sich niemand wundern, wenn am Ende die Rechnung nicht aufgeht.

In den ersten zehn Jahren seit Einführung des Euro zeigte sich, dass die Teilnehmerstaaten ihre finanz- und wirtschaftspolitischen Maßnahmen besser und ehrlicher aufeinander abstimmen müssten. Die 2002 geäußerte Meinung des Nobelpreisträgers für Wirtschaft, Milton Friedman, Euroland bräche binnen fünf bis fünfzehn Jahren wieder auseinander, wird heute nicht mehr als Meinung eines alten notorischen Nörglers abgetan. Seine Begründung gewinnt immer mehr an Glaubwürdigkeit:

> *„Die Menschen sprechen verschiedene Sprachen und haben unterschiedliche Kulturen. Und die Mitgliedsländer reagieren zu unterschiedlich auf ökonomische Einflüsse von außen."*

Ähnlich sieht es auch der US-Starinvestor George Soros. In seiner Rede an der Berliner Humboldt-Universität am 23.06.2010 sagte er, dass der Euro ihm zufolge eine „klare Fehlkonstruktion" und von Anfang an mit Mängeln behaftet gewesen sei, da der Maastricht-Vertrag der EU – das Gründungsdokument der Währungsunion – eine Währungsunion ohne einen politischen Zusammenschluss ins Leben gerufen habe. In einem Interview sagte der Milliardär:

> *„Wenn die Deutschen ihre Politik nicht ändern, wäre ihr Austritt aus der Währungsunion für den Rest Europas hilfreich."*

„Weil, so schließt er messerscharf, nicht sein kann, was nicht sein darf", um es mit den Worten des deutschen Dichters Christian Morgenstern auszudrücken. Es muss gehandelt werden. Koste es, was es wolle. Bei den Immobiliendeals aus Amerika war es der deutsche Staat, der die Banken in der Heimat rettete. Bei den Staatsanleihen war es die Europäische Zentralbank, was ihr durch das Gesetz eigentlich verboten ist.

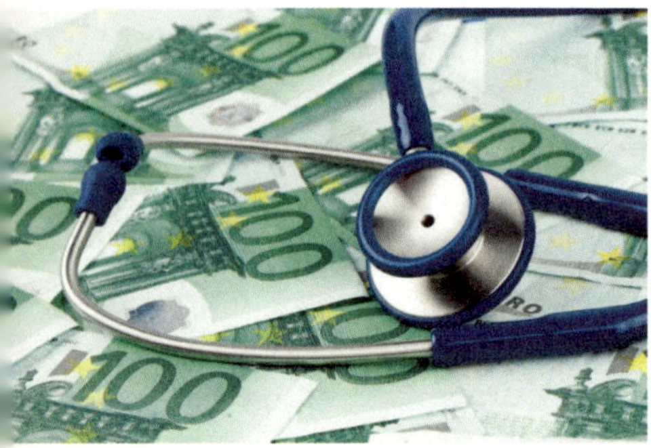

Ende 2012 teilte der EZB-Präsident Prof. Dr. Mario Draghi der staunenden Öffentlichkeit mit, dass die EZB Staatsanleihen aufkaufen würde, um notleidenden Euro-Staaten beizustehen. Das an sich ist schon eine Überraschung, doch die faustdicke kommt in Form eines Adjektivs daher: unbegrenzt. Draghi versprach an diesem Tag,

Anleihen in unbegrenzter Höhe aufzukaufen. Aus meiner Sicht verstößt die EZB damit gegen das vertragliche Verbot der Staatsfinanzierung mithilfe der Notenpresse. Doch Notenpresse hin oder her, Not, wie sinnig, kennt kein Gebot. Das Schlimme an dieser Entwicklung ist, dass einmal Angefangenes nicht mehr aufgegeben wird. So führte z. B. Kaiser Wilhelm II. 1902 die so genannte Schaumweinsteuer ein (auch Sektsteuer genannt). Der Name täuscht über die Erhebung hinweg. Sie wird nicht nur auf Schaumweine erhoben, sondern auch auf andere Spiritu-osen mit einem bestimmten Alkoholgehalt. Zudem ist sie abhängig von der Füllmenge. Ach ja, eingeführt wurde sie damals, um die kaiserliche Kriegsflotte zu finanzieren. Die gibt es schon lange nicht mehr, dafür aber seit mehr als 110 Jahren die besagte Steuer. Ein ähnliches Schicksal erlebt der Soli, der Solidaritätszuschlag. Dieser Zuschlag zur Einkommensteuer, Kapitalertragsteuer und Körperschaftsteuer wurde 1991 eingeführt, um damit die Kosten der deutschen Einheit zu finanzieren. Auch die ist inzwischen vollzogen worden, und doch bittet der Staat weiterhin zur Kasse.

„Steuern erheben heißt, die Gans so zu rupfen, dass man möglichst viele Federn mit möglichst wenig Gezische bekommt."

Jean Baptiste Colbert (1619-1683)
Französischer Staatsmann

Wer seine wahren Absichten verschleiern möchte, wählt eine andere Formulierung. So wird aus einer Steuererhöhung eine Steuerreform. Die ökologische Steuerreform meint nichts anderes als eine Benzinpreiserhöhung, und Strompreiserhöhungen werden als „Preis für die Energiewende" tituliert. Mit dieser Ausdrucksweise stehen die heutigen Politiker ihren Vorgängern in nichts nach. So formulierte gegen Ende des 18. Jahrhunderts der britische Premierminister William Pitt (1759–1806) einen Gesetzesentwurf zur Einführung der Einkommensteuer wie folgt: *„Gesetz betreffs Widerruf der durch Gesetz der vorangegangenen Sitzungsperiode verfügten Abgaben zwecks Beiwendungen zur Kriegführung und zu effizienteren Vorkehrungen für nämlichen Zweck durch Verfügung gewisser Abgaben aufs Einkommen als Ersatz o. g."* Im Geschichtsbuch noch weiter zurückgeblättert, landen wir bei den Römern. Das römische Heer verschlang Unsummen von Geldern, und die nächsten Kriegszüge mussten irgendwie bezahlt werden. Also erfand man neue Steuern auf die verrücktesten Dinge. Selbst mit der Notdurft der Menschen wurde Geld verdient. Dem Vernehmen nach soll der römische Kaiser Vespasian (9–79 n. Chr.), Erbauer des Kolosseums in Rom, geantwortet haben, als man die von ihm erlassene Abortsteuer kritisierte: *„Geld stinkt nicht"*.

So einfallsreich wie die Politiker in Bezug auf Steuermehreinnahmen sind, umso vergesslicher sind sie, wenn es um die Einhaltung der vereinbarten Fristen geht, wie bereits weiter vorne erwähnt. Diese Vergesslichkeit scheint ein europäisches Problem zu sein. So wollte z. B. das englische Parlament die Einkommensteuer für höchstens zwölf Monate erheben. Daraus sind inzwischen mehr als 200 Jahre geworden. Der Staat und die englische Krone finanzierten seinerzeit ihre Ausgaben, im Besonderen die Kriegsausgaben, vornehmlich aus Handelszöllen und anderen Übersee-Einnahmen. Durch den Verlust der amerikanischen Kolonien wurden gerade diese Einnahmen immer weniger. König Georg III. erfand dann die wunderlichsten Zusatzsteuern auf Haarpuder, Hunde, die Zahl der Dienstboten oder auf die Fenster in einem herrschaftlichen Haus. Doch nur spärlich flossen hier die Gelder, da die Untertanen beispielsweise einfach die Fenster zumauerten oder die Hunde abschafften. Doch die Zeiten wurden härter, der König brauchte dringend Geld, da seine Armeen nach Sold, Brot und Nachschub schrien. Dem Premier kam dann in den Sinn, „gewisse Abgaben aufs Einkommen" zu kassieren.

Diese Erhöhungen mündeten im ersten Einkommensteuergesetz der Welt. Zehn Prozent zahlten fortan die Briten auf alle Einkünfte, die 60 Pfund im Jahr überstiegen. Obwohl ursprünglich nur als Kriegssteuer gedacht, entwickelten sich diese Einnahmen zum wahren Geldsegen für den König, und dieser wollte ab sofort nicht mehr darauf verzichten. Das Beispiel machte Schule und andere Länder zogen nach. Der Steuerstaat hat ein verblüffendes Talent entwickelt, eine immer größere Gruppe seiner Bürger kurzerhand als Reiche anzusehen. Die derart definierten Reichen zahlten progressiv hohe Steuersätze.

In Deutschland war alles anders. In den Gründerzeiten der Bundesrepublik gab es den proportionalen Steuersatz für die Masse der Bürger. Die progressiv steigende Abgabenlast galt damals nur für die Reichen. Heute ist es eher umgekehrt. Die Masse der Bürger wird progressiv besteuert, und nur eine kleine Minderheit bleibt davon verschont. Daran haben wir uns gewöhnt. Wir nehmen es mittlerweile auch als normal hin, dass mehr als 65 Prozent unseres Einkommens an direkten und indirekten Steuern abfließen. Das ist absolut trauriger Rekord. Denn Ende des 19. Jahrhunderts lag die Steuerquote bei 0,62 Prozent für kleine Einkommen und bis zu vier Prozent für Großverdiener.

> *„Bildung ist das, was übrig bleibt, wenn der letzte Dollar weg ist.“*
>
> Mark Twain (1835–1910)
> US-amerikanischer Schriftsteller

Keine Sorge, ich will Sie nicht mit alten Steuergeschichten langweilen, sondern nur deutlich machen, dass in Krisenzeiten den Regierenden die tollsten Ideen kommen, wenn es darum geht, ihren Kopf aus der Schlinge zu ziehen. Das war zu allen Zeiten so, und das wird auch immer so bleiben. Geht dem Staat das Geld aus, dann muss eine neue Steuer her, die zusätzlich zu den bestehenden Steuern erhoben wird. So geschehen Anfang 2013 in Zypern. Zur Rettung des Landes wurde eine Art „Vermögenssteuer“ erhoben, um das Land vor der Pleite zu retten. Zur Kasse gebeten wurden die Vermögenden. Das Besondere an dieser Situation ist die Schnelligkeit, mit der die Verantwortlichen den Griff in die Taschen ehrbarer Bürger vollzogen haben.

Am 16. März 2013 startete die Euro-Gruppe eine gemeinsame Aktion zur Rettung Zyperns. Die Mittelmeerinsel, auf der weniger Menschen leben als in Hamburg, war faktisch pleite. Also galt es zu retten, was noch zu retten war. Zum ersten Mal mussten Bürger der Euro-Zone mitanpacken, um den Untergang zu verhindern. Da kann man durchaus schon von einem Dammbruch sprechen. Denn zuvor waren es die Staaten, die notleidenden Banken unter die Arme griffen. Nun wurden die Bankkunden mit einbezogen. Natürlich hat sie niemand gefragt. Wieder einmal zeigt sich hier, wie weit sich die Euro-Politiker von der Realität entfernt haben. Im fernen Brüssel einigten sich die Politiker gemeinsam auf einen direkten Zugriff in die Kassen ihrer Bürger. Der erste offiziell vorgestellte Plan sah vor, dass Sparer mit weniger als 100.000 Euro Sparguthaben 6,6 Prozent davon abzugeben hatten. Ab 100.000 Euro Sparvermögen sollten es 9,9 Prozent sein. Die Sparer hatten gar keine Chance, sich dieser Entwicklung zu entziehen. Bereits bei Verkündigung des Rettungsplans wurden die Banken vorsichtshalber für einige Tage geschlossen, sodass es unmöglich war, Geld abzuheben. Selbst die Geldautomaten waren auf die neue Situation umgestellt worden. Die Auszahlungen wurden begrenzt. Man konnte, wenn überhaupt, nur einen kleineren Betrag pro Konto und Tag abheben. Besonders prekär war die Situation für die Unternehmer auf der Insel. Sie konnten weder über Kundeneinzahlungen verfügen noch selbst Rechnungen an ihre Lieferanten zahlen.

Doch hatten die „Steuer-Erfinder“ auf dem Festland nicht mit der Wut der Zyprier gerechnet. Wutentbrannt rannten sie nach Kenntnis des neuen Gesetzes auf die Straßen, um ihrem Ärger Luft zu machen. Mit Erfolg. Die EU-Bürokraten änderten ihren verwegenen Plan. Sie stellten Sparvermögen bis zu 100.000 Euro von Abgaben frei. Im Gegenzug mussten die Vermögenden mit einem Guthaben von über 100.000 Euro die Hälfte ihres 100.000 Euro übersteigenden Guthabens in weitgehend wertlose Bankaktien umtauschen. Natürlich sprachen die Politiker hier von einer einmaligen Aktion, die nicht als Vorlage für ähnlich gelagerte Fälle herangezogen werden würde. Diese Erklärung muss der Chef der Euro-Gruppe, Jeroen René Victor Anton Dijsselbloem, überhört haben. Ein paar Tage nach dieser mehr oder weniger staatlichen Enteignungsaktion sagte er in einem Interview mit der Nachrichtenagentur Reuters, dass der Fall Zypern Modell für den Umgang mit drohenden Bankpleiten in der Zukunft stünde. Also doch eine Blaupause.

> *„Kein altes Übel ist so groß, dass es nicht von einem neuen übertroffen werden könnte.“*
>
> Wilhelm Busch

Seine Ankündigung sorgte für so heftige Reaktionen an den Finanzmärkten, dass Herr Dijsselbloem zurückruderte und nun nur noch von einem speziellen Fall sprach. Er ruderte zurück, nicht aber der deutsche Finanzminister Wolfgang Schäuble. Der sagte ein paar Wochen später: *„Herr Dijsselbloem ist in der Substanz zu Unrecht gescholten worden und auch nicht von mir.“* Für ihn, den Minister, muss die Beteiligung von Eigentümern, zu denen auch Sparer gehören (zumindest teilweise), nachrangigen Anleihegläubigern und ungesicherten Anlegern der Normalfall sein, wenn ein Finanzinstitut in eine Schieflage gerät. Eigentlich gar keine schlechte Idee, weil damit das alte Prinzip *„Gewinne privatisieren, Verluste sozialisieren“* außer Kraft gesetzt wird. Doch stört mich daran, dass von einer solchen Rettungsmaßnahme auch die betroffen sein könnten, die nicht einmal ansatzweise im Verdacht stehen, mit Geld zu zocken, sondern nur ihr mühsam erwirtschaftetes Vermögen „sicher“ auf einer Bank hinterlegt haben.

Darüber hinaus ist man nicht automatisch reich oder vermögend, nur weil mehr als 100.000 Euro auf dem Bankkonto liegen. Wenn z. B. ein Unternehmer Geld für fällig werdende Gehaltszahlungen vorübergehend auf seinem Bankkonto parkt, würde auch er unter die „Zwangssteuer“ fallen. Genauso wie ein Lebensversicherungskunde, der sich seine Lebensversicherung hat auszahlen lassen, für die er Zeit seines Lebens gespart hatte.

Ich möchte mich an dieser Stelle wiederholen: Wir leben in anderen Zeiten. In unsicheren Zeiten. Wenn wir unser Geld schützen wollen (müssen), braucht es heute andere Anlagemöglichkeiten als zu Zeiten der Deutschen Mark (DM). Wenn Sie Ihr Geld vermehrt in Sachwerte investieren und verschiedene Anlagemöglichkeiten nutzen, sind Sie bereits auf dem richtigen Weg. Nur so entkommen Sie der Inflation und auch einer staatlichen Zwangsenteignung, die, wie im Falle Zypern sichtbar, quasi über Nacht kommen kann.

Vorbei die Zeiten, in denen große Veränderungen rechtzeitig verkündet werden. Und selbst wenn Experten etwas verkünden, dann müssen sie damit nicht immer Recht haben. Nur beispielhaft sei an den Ausbruch der Finanzkrise 2007/2008 erinnert. Die hochbezahlten und promovierten Damen und Herren in den diversen Wirtschaftsinstituten waren in der Zeit davor fast so stumm wie die Fische. Wie konnte ein finanzieller Tsunami, der sich langsam und doch gewaltig auftürmte, so lange unentdeckt bleiben? Können sich die Experten irren oder haben sie bewusst geschwiegen? Egal, wie die Antwort ausfällt. Beides ist für sich genommen eine mittlere Katastrophe.

Ich kann mir gut vorstellen, dass den Experten durchaus klar war, dass sich dort am Finanzmarkthimmel Schlimmes zusammenbraute. Doch könnte es sein, dass sie sich selbst einen Maulkorb verpasst haben, getreu dem Motto: *„Wessen Brot ich ess, dessen Lied ich sing."* Wie sollen Gutachter, die vom Staatstopf leben, den Bürgern erklären, dass gerade das Verhalten des Staates und seine laschen Gesetze im Umgang mit Banken in einem finanziellen Chaos münden? Wie sonst ist es zu erklären, dass im Jahresgutachten der Bundesregierung für 2008 kein einziger Hinweis auf die sich abzeichnende Katastrophe, vor der einige „freie" unabhängige Experten warnten (wie z. B. Prof. Dr. Max Otte in seinem Buch „Der Crash kommt" aus dem Jahr 2007), zu finden ist? Die Sachverständigen, die sich aus diesen Institutionen – das Who's Who der Wirtschaftselite – zusammensetzen:

> *„Das einzige Mittel, den Irrtum zu vermeiden, ist die Unwissenheit".*
>
> Jean-Jacques Rousseau (1712–1778)
> Französischer Schriftsteller

- IFO-Institut für Wirtschaftsforschung an der Universität München
- Institut für Weltwirtschaft an der Universität Kiel
- Institut für Wirtschaftsforschung Halle
- Rheinisch-Westfälisches Institut für Wirtschaftsforschung Essen

stellten Folgendes fest: *„… Spannungen, die in früheren Konjunkturzyklen einen Abschwung oder gar eine Rezession ausgelöst hätten, zeichnen sich nicht ab."* Das Gutachten wurde im November 2007 erstellt, in einer Zeit also, als sich die ersten großen Turbulenzen abzeichneten. Schon ein wenig befremdlich, wenn nur zehn Monate (!) später der Chef des IFO-Instituts für Wirtschaftsforschung an der Universität München, Prof. Dr. Hans-Werner Sinn, feststellt: *„Ich glaube, keine andere Phase der Weltwirtschaft war ähnlich gefährlich wie die, die wir hier erleben."*

Nun also stecken wir mitten drin in der Krise, die mitnichten ausgestanden ist. Erschwerend kommt hinzu, dass die Verantwortlichen nicht mehr nach ökonomischen Regeln und mit dem Vertrauen auf das Wissen aus Lehrbüchern handeln, sondern nach „Großwetterlage“ und damit aus dem Bauch heraus. Die Entscheidungen der Europäischen Zentralbank finden sich in keinem Lehrbuch. Eines darüber zu schreiben ist aus meiner Sicht sinnlos. Denn was heute noch versprochen wird und als sicher gilt, ist morgen bereits überholt. Da würde man mit dem Drucken neuer Bücher gar nicht nachkommen können. Es empfiehlt sich eine Loseblattsammlung. Einfach in der Handhabung, gering in den Kosten. Im Handumdrehen ist das Blatt mit den gestrigen Entscheidungen der EZB gegen das aktuelle von heute ausgetauscht. Das spart Zeit, Papier und entlastet den Geist, muss man sich doch nicht mit den alten Lehrmeinungen herumschlagen.

Ich übertreibe keineswegs. Der EZB-Präsident Draghi hat mit seiner Entscheidung, unbegrenzt Staatsanleihen aufzukaufen, sämtliche Warnungen ausgewiesener Experten in den Wind geschlagen, universitäres Geldwissen ad absurdum geführt und gezeigt, wer hier das Sagen hat. Insofern muss man sehr ernst nehmen, was der deutsche Finanzminister in Sachen Anleihenkäufe im August 2012 sagte:

> *„Wenn wir das einmal machen (Anm. des Autors: Staatsschulden über die EZB finanzieren), dann werden wir es nicht mehr aufhören. Das ist wie wenn man anfängt, seine Probleme mit Drogen zu lösen.“*

Recht hat er. In meinen Ausführungen zu den Steuergesetzen haben Sie den Beweis, dass einmal getroffene Entscheidungen in Sachen Geld nicht wieder einkassiert werden, wenn es um das Wohl des Staates geht. Da kann man auf den Einzelnen doch keine Rücksicht nehmen. Deshalb lässt die Aktion der EZB nichts Gutes hoffen. Ihr Präsident, dem wir diese Entscheidung zu verdanken haben, war zuvor Vorstandsmitglied („Board of Director") der Banca d'Italia, der italienischen Staatsbank. In den 1970er- und 1980er-Jahren deckte die Banca d'Italia den Kreditbedarf des maroden Staatshaushalts auf eigenwillige Art. Überstiegen die Zinsen für italienische Staatsanleihen eine bestimmte Höhe, sprang Draghis Bank ein und druckte das fehlende Geld einfach nach, und das über Jahre. Gewinner waren die Banken. Verlierer die Bürger. Die Geldmenge stieg unaufhörlich, während der Wert des Geldes sank. Mit anderen Worten: Die Inflation enteignete mit jeder neuen Banca-Entscheidung ihre Bürger. Beendet wurde dieser unsägliche Prozess mit der Abschaffung der Lira. Nun haben die Italiener den Euro, und das Spiel beginnt von neuem. Ganz so, wie es einst Fußball-Titan Oliver Kahn formulierte: *„Nach dem Spiel ist vor dem Spiel."* Dumm nur, dass Draghi nicht nur auf nationalem Feld das Spiel anpfeift, sondern in Euroland. Die Zeche müssen deshalb die Nordeuropäer zahlen, also Deutschland, Österreich, die Niederlande, Finnland, Estland etc. pp.

> *„Beobachte und denke nach, um die Wahrheit zu erkennen. Glaube nichts, was der Vernunft widerspricht. Täusche weder dich selbst noch andere."*
>
> Friedrich Schiller (1759–1805)
> Deutscher Schriftsteller

Durch die EZB-Entscheidung wird meiner Meinung nach nur ein Ziel verfolgt: Zeit gewinnen. Deshalb kann dieses Spiel, den Euro zu erhalten, noch einige Jahre gespielt werden. Nichts Genaues weiß man nicht. Dagegen weiß man genau, dass am Ende wir alle die negativen Folgen dieser „italienischen Währungsunion" zu spüren bekommen werden. Die Wirtschaft schrumpft, die Inflation steigt genauso wie die Arbeitslosigkeit, und am Ende ist das Ersparte nur noch ein kläglicher Rest. Wer's nicht glaubt, soll sich nur einmal die Situation unter den jungen arbeitswilligen Spaniern anschauen.

Jugendarbeitslosigkeit in Europa
(Angaben in Prozent; Zahl der unter 25-Jährigen)

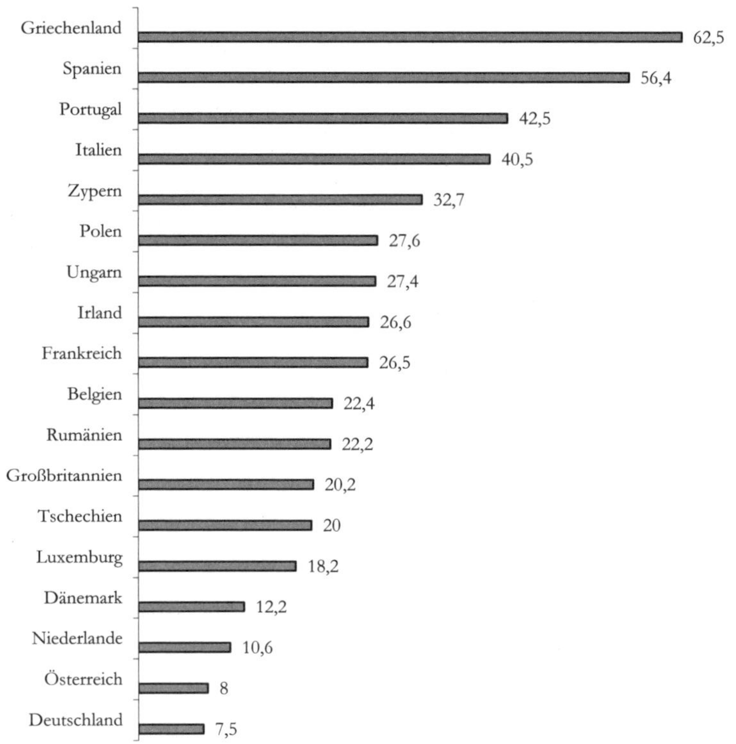

(Quelle: Eurostat; Statista 2013; Daten 4/2013)

„Für die Jugend habe ich nur drei Worte als Ratschlag: arbeite, arbeite, arbeite", sagte Otto von Bismarck. Ein Blick auf die vorherige Grafik zeigt, dass genau das heute scheinbar nicht möglich ist. Der Euro sollte die Einheit Europas vervollständigen, Menschen zusammenbringen und Wohlstand „für alle" schaffen. Erreicht wurde ganz of-

fensichtlich das Gegenteil. Wütende Demonstranten, Straßenschlachten in den Regierungsvierteln, verzweifelte Menschen, lange Schlangen vor Bankhäusern, leere Supermarktregale und resignierte Menschen vor den Arbeitsämtern – eine bittere Realität.

Anteil der Arbeitslosigkeit

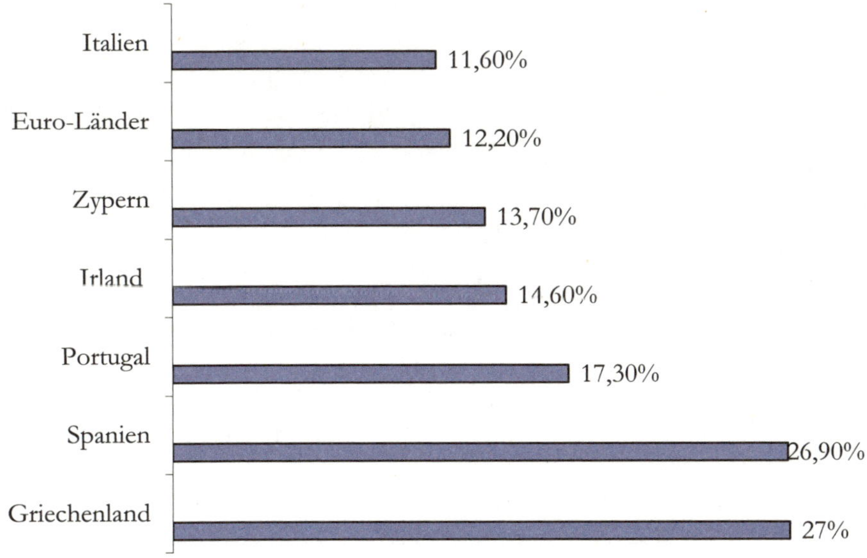

(Quelle: EU-Kommission; Stand 2/2013)

Mich überrascht, dass die EU-Bürger diese Entwicklung so gleichgültig hinnehmen. Wenn sich Gewerkschaften und Arbeitgeber nicht auf eine Lohnerhöhung einigen können, gehen Arbeiter und Angestellte auf die Straße. Lautstark und mit Trillerpfeifen fordern sie ein, zwei oder drei Prozent mehr Lohn. Wenn aber eine EZB Entscheidungen bar jeder Vernunft trifft, regt sich zwar Unmut, doch es passiert gar nichts. Da nehmen Konsumenten die Zeit auf sich, an einem Tag gleich bei drei Discountern einzukaufen, weil jeder mit speziellen Angeboten wirbt. Nicht nur, dass das alles sehr viel Zeit kostet, es verursacht auch noch Kosten für die Fahrten. Das zeigt, wie irrational gehandelt wird. Hier sparen sie, wenn überhaupt, ein paar Cent. Dagegen verlieren sie ein Vermögen, weil die EZB die Zinsen niedrig hält. Noch nie seit Bestehen der Bundesrepublik Deutschland erhielten die Sparer so wenig fürs Ersparte.

Entwicklung der Umlaufrendite inländischer Inhaberschuldverschreibungen:
(Angaben in %):

(Datenquelle: Deutsche Bundesbank)

In den 1980er-Jahren erhielten Sparer für ihr Erspartes Zinsen von bis zu zwölf Prozent. Nun gut, entsprechend hoch war auch die Inflation, und doch ging die Rechnung auf. Zumal die steuerliche Situation eine andere war. 2013 sind es weniger als 1,5 Prozent, die Sparer erhalten. Bei einer Inflationsrate, die durchschnittlich bei zwei Prozent liegt, und einer Abgeltungssteuer von 25 Prozent haben wir es hier somit mit einer extremen Geldvernichtung zu tun.

Da wird landauf, landab von den Politikern gepredigt, bitte schön für das Alter vorzusorgen, weil die staatliche Rente nicht mehr ausreichen wird, um davon den Lebensabend bestreiten zu können. Dabei sind sie es, die mit ihrer unsäglichen Euro-Rettungspolitik dafür sorgen, dass der ehrliche Bürger enteignet wird. Er kann fast schon zusehen, wie sein Vermögen schmilzt wie Butter in der Sonne.

Das Problem dieser Enteignung zieht sich durch alle auf Geld aufgebauten Versorgungssysteme. Senkt die EZB dauerhaft die Zinsen, kann sich niemand dieser negativen Entwicklung entziehen. Deshalb fallen auch die Renditen der Lebensversicherungen wie Blätter vom Baum.

Laufende jährliche Verzinsung[31] der Lebensversicherungen in Deutschland seit 1995:
(Angaben in %)

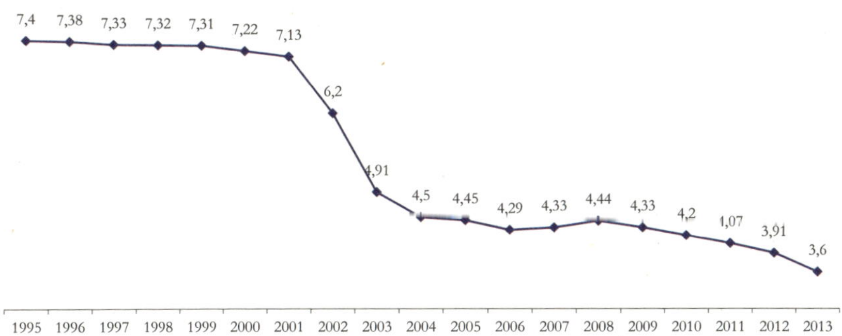

Die Grafik zeigt die Entwicklung der laufenden Verzinsung der Lebensversicherungen in Deutschland im Zeitraum von 1995 bis 2013. Abgebildet wird die durchschnittliche laufende Verzinsung oder auch Überschussbeteiligung der Branche (45 Lebensversicherer). Seit 1995 befinden sich die Renditen im freien Fall. Genauso wie der vom Gesetzgeber vorgeschriebene Garantiezins:

Entwicklung Verzinsung von Lebensversicherungen
(Angaben in %)

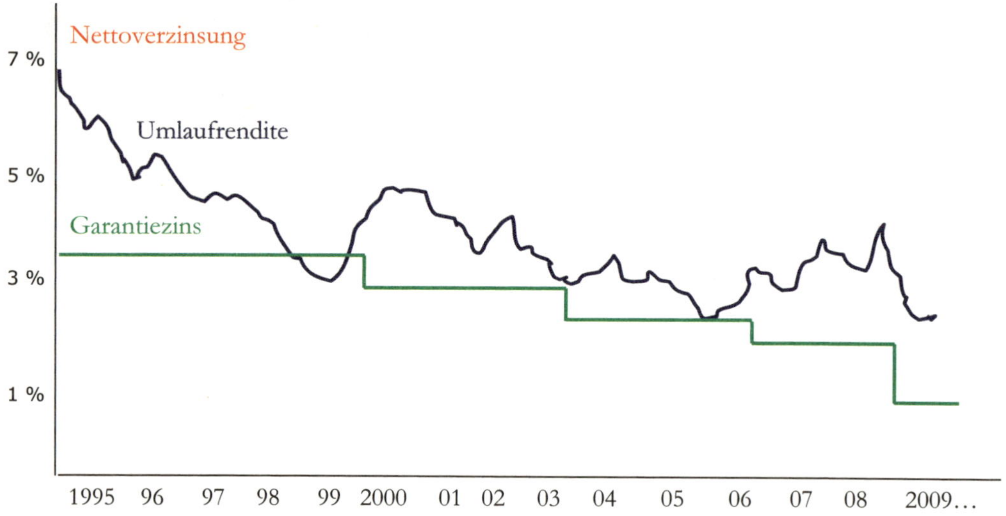

(Quelle: Map-Report)

Zahlen beweisen! Der Branchendienst Map-Report ermittelt alljährlich die aktuelle Zinssituation bei den deutschen Lebensversicherern. Im konkreten Fall ist ein männlicher Musterkunde 30 Jahre alt. Zwölf Jahre zahlt er jährlich einen Betrag von 1.200 Euro in seine Police. Nach zwölf Jahren erreicht ein 2012 fällig werdender Vertrag im Schnitt eine Ablaufrendite von 3,12 Prozent[32]. Das ist nur noch die Hälfte gegenüber einer zehn Jahre vorher ausbezahlten Police.

Die anhaltende Niedrigzinsphase lässt die Vorstände einiger Lebensversicherungsgesellschaften verzweifeln, während ihre Marketingexperten mit neuen Ideen versuchen, die Krise zu meistern. Diese Ideen treiben inzwischen wunderbare Blüten, wie eine neue Produktidee der Allianz SE beweist. Das Wesen einer kapitalbildenden Lebensversicherung war bisher ihr zugesagter Garantiezins. Für neu abgeschlossene Verträge liegt dieser bei 1,75 Prozent. Altverträge punkten mit vier Prozent und mehr. Wenn nun, wie der Map-Report feststellt, die hochgerechnete Rendite für in 2013 abgeschlossene Lebensversicherungen mit einer Laufzeit von 30 Jahren bei 3,31[33] Prozent liegt, bekommt der Kunde mit einer Alt-Versicherung seine ihm zugesagten 4 Prozent Zinsen gutgeschrieben und damit deutlich mehr als der neue Kunde. Genau das wird für die Lebensversicherungsgesellschaften zu einem Problem. Den Garantiezins müssen die Gesellschaften über die gesamte Laufzeit garantieren, und zwar unabhängig von den Entwicklungen an den Finanzmärkten. Nur für neue Verträge können sie den aktuell vom Gesetzgeber festgelegten Garantiezins anwenden.

„Bundesregierung gibt keine Entwarnung für Assekuranz."

Pressemitteilung vom 03.09.2013

Entwicklung des vom Gesetzgeber festgelegten Garantiezinses:

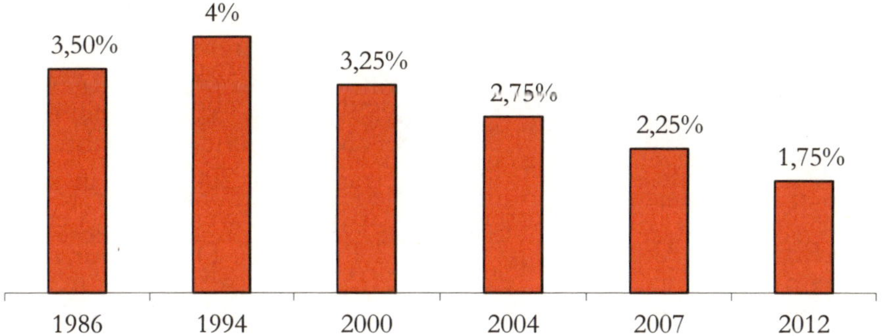

(Quelle: Eigene Recherche)

Was diese Entwicklung für einen Lebensversicherungskunden bedeutet, macht eine Rechnung deutlich. Bei einem Garantiezins von vier Prozent und einer monatlichen Zahlung von 100 Euro werden nach 30 Jahren rund 70.000 Euro auf dem Konto stehen (Steuer und Kosten nicht berücksichtigt). Sinkt der Garantiezins von vier auf 1,75 Prozent, sinkt bei gleichem Aufwand die Auszahlungssumme um 22.000 Euro auf nur noch 47.000 Euro.

Mit diesem Ungleichgewicht haben die Gesellschaften derzeit ihre liebe Not. Sicher ist für den Kunden, dass er sich in 30 Jahren über einen Garantiezins von z. B. vier Prozent freuen kann, während seine Zahlungen, die er hierfür monatlich und bis dahin leistete, in eine Niedrigzinszeit fielen. Die Gesellschaften müssen die Kundengelder „mündelsicher" anlegen. Deshalb haben die Gesellschaften gar keine so große Auswahl an Anlagemöglichkeiten, weshalb sie häufig Staatsanleihen kaufen. Die werden, wie Sie gelesen haben, mit unter zwei Prozent verzinst. Die Differenz muss die Gesellschaft aus eigener Kraft und irgendwie anders erwirtschaften, um ihren Verpflichtungen gegenüber den alten Verträgen nachzukommen. Je länger nun das niedrige Zinsniveau anhält, desto „enger" wird es für einige Gesellschaften.

Dass es immer enger wird, davon weiß die Bundesanstalt für Finanzdienstleistungsaufsicht (BaFin) ein Lied zu singen. Um die Versprechen ihrer Kunden zu sichern, müssen die Lebensversicherungsgesellschaften eine so genannte Zinszusatzreserve in ihrer Bilanz bilden, um eine „ausreichende Mindestzuführung zur Rückstellung zur Beitragsrückerstattung" zu gewährleisten, heißt es im Fachjargon. Je niedriger die Zinsen an den Märkten, desto mehr Kapital müssen die Versicherungen einschießen. Berechnungen der Kölner Ratingagentur Assekurata belegen eine extreme Zunahme dieser Beträge. 2011 wurden 1,5 Milliarden Euro zurückgelegt, 2012 bereits 4,5 Milliarden Euro[34]. Presseberichten zufolge wollen und können einige Gesellschaften diese Zahlungen nicht mehr leisten, weshalb sie bei der BaFin vorstellig wurden, um eine Ausnahmeregelung zu beantragen. Dazu sagt Assekurata-Chef Will: *„Die Aussetzung der Zinsreserven ist damit nichts anderes als ein Wechsel auf die Zukunft"* und damit aus meiner Sicht „ungewiss". Auch die Bundesregierung glaubt nicht mehr an eine schnelle Verbesserung der Lage bei den deutschen Lebensversicherern[35]. Der Finanzausschuss des Bundestages sieht in dem anhaltenden Niedrigzinsumfeld nach wie vor eine Herausforderung für Anleger wie für Lebensversicherungen und Pensionskassen. Ihrer Meinung nach werden die niedrigen Zinsen die Risikotragfähigkeit der Assekuranzen weiter verschlechtern. Insofern teile ich die Meinung der Verbraucherzentrale Hamburg zu diesem Thema: *„Für Kunden bedeutet das im Zweifel, dass sie weniger Geld ausgezahlt bekommen."* Wieder sind es die Kunden, die die Zeche zahlen. Sie sind es, die durch die Niedrigzinspolitik der Mutter aller Banken, der „Europäischen Zentralbank", die Zeche zahlen, und nicht die Banken, die mit Milliarden Summen unterstützt werden.

> *„Man muss dafür sorgen, dass am Ende die Rechnungen stimmen und nicht stimmend gemacht werden."*
>
> Manfred Rommel
> Koordinator für dt.-frz. Zusammenarbeit

„Not kennt kein Gebot" meint ein Sprichwort, an dem sich Banken wie Versicherungen immer öfter zu orientieren scheinen. So bietet z. B. die Allianz SE neuerdings Lebensversicherungen ohne feste Zusage eines Garantiezinses an. Einzig die Einzahlung der Kundengelder wird garantiert. Das, was ein Kunde einzahlt, bekommt er garantiert am Ende der Laufzeit zurück. Alles andere sind Prognosen, die ohnehin niemand mehr ernst nimmt.

Prognosen und Ablaufleistungen sind ein gut gehütetes Geheimnis der Versicherungsbranche. So gibt es leider nur wenige zugängliche Quellen, die diese Daten offenlegen. Eine mir vorliegende ist etwas älteren Datums, was aus meiner Sicht nicht weiterhin tragisch ist. Die Daten wurden erfasst zu einer Zeit, als die Zinsen noch höher lagen als 2013. Somit kann es also nur noch schlechter geworden sein. Doch schon beim Anblick dieser Entwicklung wird einem angst und bange, wenn mit solchen Verträgen die Altersvorsorge abgesichert werden sollte.

Das verlieren Lebensversicherungskunden[36]:

Anbieter	Auszahlung 1999	Auszahlung 2009	Verlust/Gewinn
Cosmos	112.300,00 €	89.232,00 €	-23.068,00 €
Neue Leben	121.300,00 €	99.795,00 €	-21.505,00 €
Hannoversche	113.400,00 €	92.516,00 €	-20.884,00 €
Öffentliche Braunschweig	112.700,00 €	92.261,00 €	-20.439,00 €
Provinzial NordWest	111.900,00 €	91.482,00 €	-20.418,00 €
Provinzial Rheinland	108.900,00 €	88.767,00 €	-20.133,00 €
Stuttgarter	112.400,00 €	92.752,00 €	-19.648,00 €
HUK-Coburg	121.100,00 €	101.808,00 €	-19.292,00 €
SV SparkassenVersicherung	107.100,00 €	87.897,00 €	-19.203,00 €
Hamburg-Mannheimer	103.300,00 €	85.264,00 €	-18.036,00 €
Öffentliche Oldenburg	103.300,00 €	86.111,00 €	-17.189,00 €
Allianz	105.400,00 €	89.972,00 €	-15.428,00 €
WWK	103.400,00 €	88.515,00 €	-14.885,00 €
Volkswohl Bund	106.300,00 €	91.695,00 €	-14.605,00 €
VGH	105.900,00 €	91.634,00 €	-14.266,00 €
Süddeutsche	109.200,00 €	96.099,00 €	-13.101,00 €
Condor	98.000,00 €	85.180,00 €	-12.820,00 €
DEVK	106.700,00 €	94.121,00 €	-12.579,00 €
Basler	98.000,00 €	86.959,00 €	-11.041,00 €
Asstel	104.100,00 €	93.410,00 €	-10.690,00 €
R+V	102.600,00 €	93.271,00 €	- 9.329,00 €
LV 1871	95.300,00 €	88.287,00 €	- 7.013,00 €
Continentale	96.800,00 €	91.478,00 €	- 5.322,00 €
Debeka	107.700,00 €	112.617,00 €	+ 4.917,00 €
Durchschnitt aller Anbieter	103.800,00 €	88.673,00 €	-15.127,00 €

Hier zeigt sich, dass längst nicht alle Gesellschaften sich mit Ruhm bekleckert haben. Insofern war es aus meiner Sicht nur eine Frage der Zeit, bis die Lebensversicherer mit weiteren „innovativen“ Produktideen auf den Markt kommen würden, um, mit Verlaub, vom eigenen Versagen abzulenken und den Kunden zukünftig das Risiko seines Engagements allein tragen zu lassen. Dass damit eine neue Ära eingeleitet wurde, hat nicht nur mich überrascht, sondern selbst die Versicherungsbranche. Hinter vorgehaltener Hand spricht ein Versicherungsagent das aus, was ohnehin jeder weiß, aber nicht hören will[37]:

> *„Die Zinsen sind so niedrig, dass Versicherer sich Sorgen machen, dass sie den Garantiezins nicht mehr erwirtschaften können. Trotzdem finde ich es befremdlich, dass die Allianz jetzt ein Produkt ganz ohne Garantiezins anbietet.“*

In der Werbung spricht die Allianz von einem starken Sicherheitsnetz dank Beitragsgarantie und zusätzlichen Renditechancen. Sie sehen auch hier wieder, welches Vokabular verwendet wird, um dieses Produkt, das nun wahrlich niemand braucht, zu vermarkten. „Sicherheit und Garantie“, so wie ich es im Prolog erwähnt habe, sind die beiden Zauberworte im Marketing, um die Kunden ins Haus zu locken. Darüber hinaus sprechen die Strategen von „Renditechancen“, die sich ergeben könnten. Wenn nicht, dann eben nicht. War halt eine Chance und damit nicht verbindlich. So funktioniert sie, die neue Welt des Verkaufens in unsicheren Geld-Zeiten.

Es ist schon dreist, dem Kunden etwas von einer Beitragsgarantie zu erzählen, ohne ihm die Kaufkraft vor Augen zu halten. Wie Sie im Prolog gelesen haben, hilft die beste Garantie nicht, wenn am Ende der Vertragslaufzeit von 30 Jahren das Geld weniger als die Hälfte wert ist.

Zudem muss ich an dieser Stelle noch ein Wort über die Renditen der Lebensversicherer verlieren. Auch hier spielen die wenigsten mit offenen Karten. Wenn es heißt, dass eine Lebensversicherung z. B. eine Rendite von vier Prozent erwirtschaftet hat, dann bezieht sich diese Angabe nicht auf die vom Versicherungskunden geleistete Zahlung, sondern nur auf den Sparanteil, und der ist naturgemäß deutlich kleiner.

Wenn ein Kunde monatlich 100 Euro in seine Lebensversicherung zahlt, dann fließt nur ein Teil davon in den Spartopf, während der andere Teil für die Risikovorsorge, Rückstellungen und zur Kostendeckung herangezogen und damit für den Kunden verloren ist. Wie hoch dieser Anteil ausfällt, liegt im Ermessen einer jeden Gesellschaft. Er ist mit Abstand das bestgehütete Geheimnis in der Branche. Keine Gesellschaft ist gezwungen, diesen für jeden Kunden so wichtigen Wert zu veröffentlichen. Während in der EU die Größe der Tomaten und die Länge der Gurken geregelt sind, verschließt die Behörde in Sachen Geld wieder einmal die Augen. Somit bestätigt sich erneut die Feststellung des damals amtierenden Präsidenten des Bundesverbandes deutscher Banken, Alwin Münchmeyer[38]:

„Die Zahl ist das Wesen aller Dinge."

Pythagoras (576–496 v. Chr.)
Griechischer Philosoph und Mathematiker

> *„Das Vaterunser hat 56 Wörter, die Zehn Gebote haben 297 und die amerikanische Unabhängigkeitserklärung 300. Aber eine Verordnung der EWG-Kommission über den Import von Karamellen und Karamellprodukten zieht sich über 26.911 Wörter hin."*

Unbestätigten Expertenangaben zufolge wird angenommen, dass von jeder Zahlung in eine Lebensversicherung zwischen 20 und 30 Prozent in den Katakomben der Gesellschaften hängen bleiben und nur noch 70 Prozent in den Spartopf des Kunden fließen. Nehmen wir an, ein Kunde zahlt monatlich 100 Euro an die Gesellschaft, dann werden davon 30 Euro abgezweigt und 70 Euro angelegt. Auf diese 70 Euro beziehen sich nun alle Zins- und Renditeangaben. Bei einer durchschnittlichen Verzinsung von vier Prozent kommen somit nach einem Jahr 18,20 Euro Zinsen zusammen. Aus einem angelegten Betrag von 840 Euro werden satte 858,20 Euro. Somit hat sich das eingesetzte Kapital mit rund 2,2 Prozent verzinst und nicht, wie die Versicherer ihren Kunden weismachen wollen, mit vier Prozent!

Die Rechnung wäre eine andere, würden die 100 Euro zur Gänze angelegt und mit vier Prozent verzinst, wie es von den meisten Kunden verstanden wird. Dann wären es 1.226 Euro, die der Kunde nach einem Jahr in seinen Händen halten könnte. Wobei ich natürlich nicht auf der Wurstsuppe daher geschwommen komme und um eine realistische Sicht der Dinge weiß. Niemand arbeitet umsonst. Es ist damit das gute Recht der Gesellschaften, einen Teil der Kundenzahlungen zur Kostendeckung heranzuziehen. Aber eben nur einen Teil, und den sollten sie auch so deutlich herausstellen, dass jedermann weiß, auf was er sich einlässt. Das sollte man in diesen ach so aufgeklärten Zeiten erwarten dürfen.

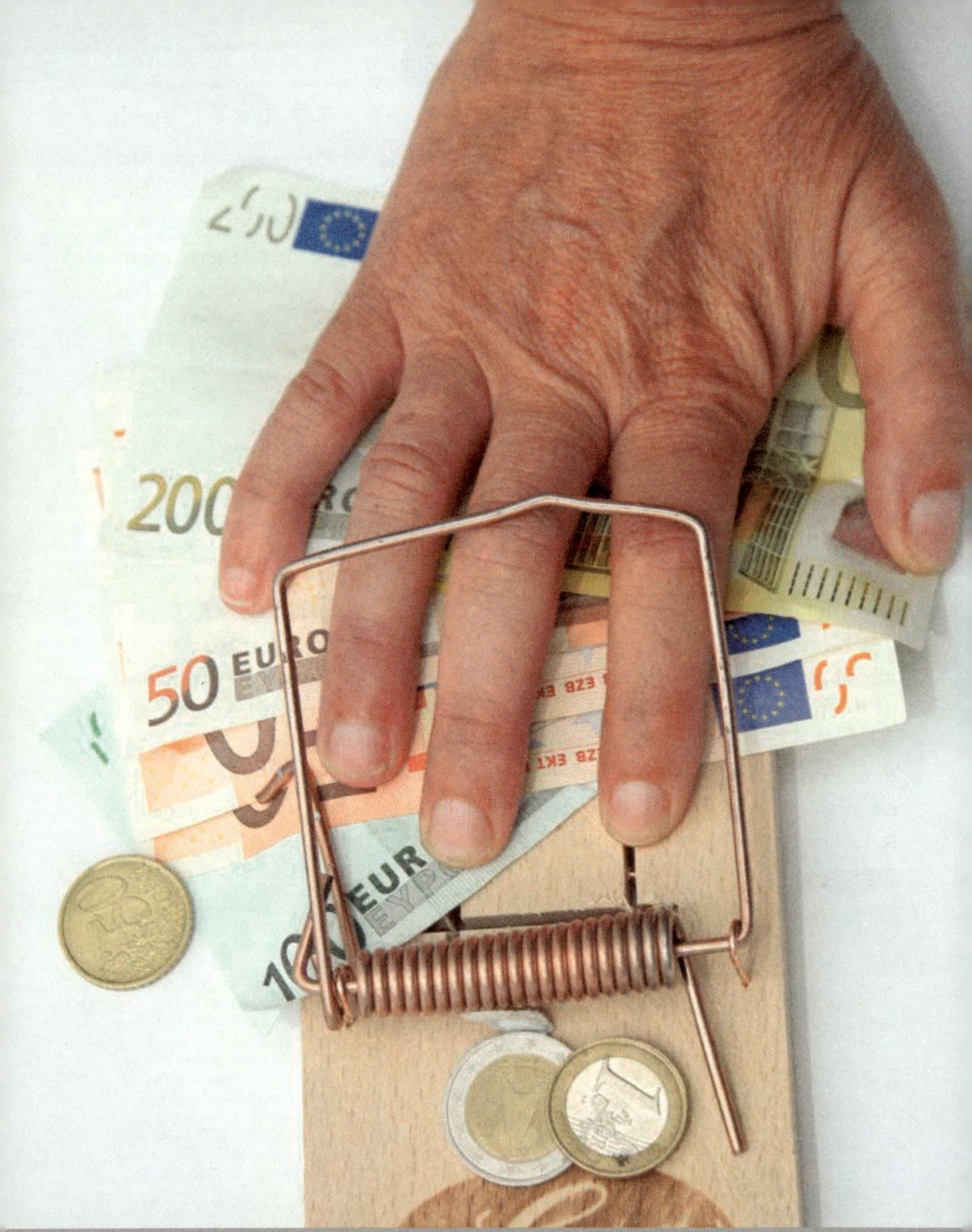

Würg den Bürgen

Würg den Bürgen

„Volkswirtschaft ist der Zeitpunkt, an dem die Leute anfangen, darüber nachzudenken, warum sie so wenig Geld haben."

Kurt Tucholsky

„Ich lasse den Freund dir als Bürgen, ihn magst du, entrinn' ich, erwürgen", heißt es in Schillers „Die Bürgschaft". Das waren damals schon harte Zeiten, denn den Begriff einer Privatinsolvenz gab es de facto nicht. Wer heute über seine Verhältnisse lebt, hat im Wesentlichen gar nichts zu befürchten. Mag sein, dass das einer der Gründe ist, warum sich die Zahl der privaten Insolvenzen[39] in Deutschland auf dramatisch hohem Niveau hält:

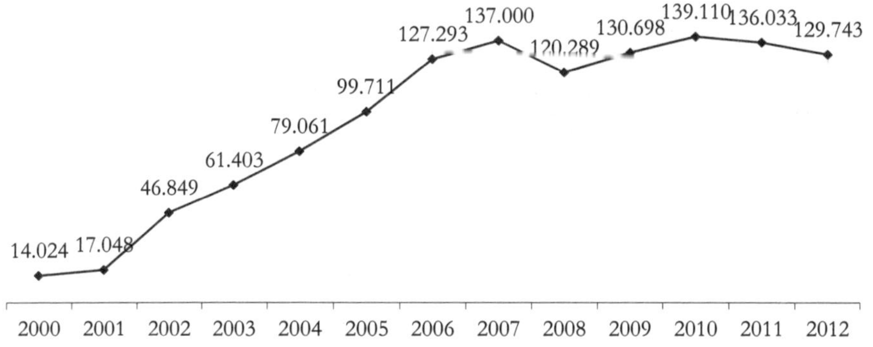

Ähnlich desaströs ist die Entwicklung in Westeuropa. Hier zeigt sich, dass sich die Zahl der privaten Insolvenzen mit Ausbruch der Euro- und Finanzkrise 2008 signifikant erhöhte:

Private Insolvenzen in Westeuropa:

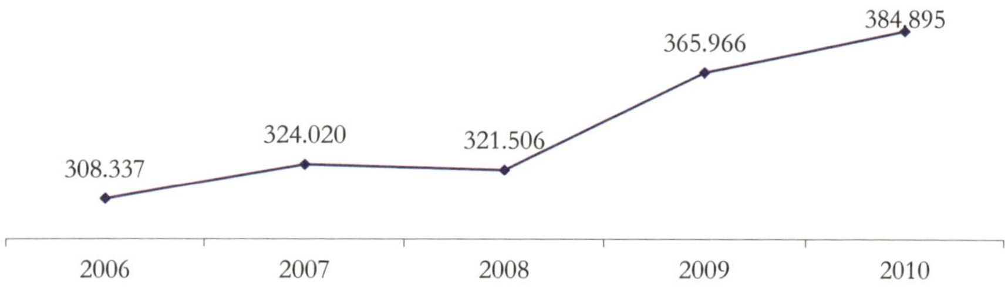

(Quelle: Creditreform)

Auch wenn die Krise in Europa viele Menschen in die Schulden getrieben hat, so gibt es meiner Meinung nach noch einmal so viele Menschen, die durch eigenes Versäumnis in die Verschuldung abrutschen. Meine Eltern hatten einen Ratschlag für mich, den ich zeit meines Lebens befolge:

Gib nur Geld aus, das du besitzt!

Ähnlich formulierte es der englische Schriftsteller Charles Dickens (1812–1870): *„Wenn ein Mensch über zwanzig Pfund im Jahr verfügt und neunzehn Pfund, neunzehn Schillinge und sechs Pennys ausgibt, so ist er glücklich; doch wenn er einen Schilling mehr ausgibt, so wird er unglücklich“.* Würde sich die Welt danach richten, sie wäre nicht nur glücklicher, sondern es gäbe auch weniger Insolvenzen.

Doch hier ist wohl der Wunsch Vater meines Gedankens. Ohne einem Schuldner betrügerische Absichten zu unterstellen, muss er doch gar nichts befürchten, von den finanziellen Einschränkungen durch Pfändungsgrenzen einmal abgesehen. Wer über seine Verhältnisse lebt und beim Versandhaus neue Möbel kauft, die er nicht mehr bezahlen kann, muss heute nicht damit rechnen, dass ihm das Sofa weggepfändet wird. Selbiges gehört nicht zur Luxusausstattung, sondern ist ein „normaler" Haushaltsgegenstand und damit unpfändbar. Somit kann der Schuldner trotz privater Insolvenz in Ruhe seinen Allerwertesten darauf setzen, während der Verkäufer das Nachsehen hat. Das ist es, was mich an dieser Situation stört. Der Verkäufer hat im guten Glauben gehandelt und geht im Falle einer privaten Insolvenz nicht nur leer aus, er muss das Sofa, um beim Beispiel zu bleiben, dem Hersteller bezahlen. Auch den Spediteur, der zuvor das Möbelstück zum Haus des später säumigen Zahlers lieferte, sowie seine Mitarbeiter, die mit der Bestellabwicklung beschäftigt waren usw.

„Von jetzt an werde ich nur so viel ausgeben, wie ich einnehme. Selbst wenn ich mir dafür Geld leihen muss."

Mark Twain (1835–1910)

Das war nicht immer so. Es gab Zeiten, da wurde schon mal scharf auf Schuldner geschossen oder sie wurden in den Schuldenturm geworfen. Das allerdings kam deutlich seltener vor als vermutet. Seinerzeit kauften die Menschen nur, wenn sie Bares in ihrem Geldbeutel hatten. Und mussten sie dennoch einmal tiefer in die Tasche greifen, weil sie sich z. B. ein Eigenheim zulegten, dann setzten sie buchstäblich Himmel und Hölle in Bewegung, um die Schulden so schnell wie möglich zu tilgen. Ähnlich verhielten sich die Politiker in den Nachkriegsjahren. Es gelang ihnen, einige Zeit einen ausgeglichenen Haushalt vorzulegen. Dieses Ziel war ihnen so heilig, dass sie sogar bereit waren, persönliche Konsequenzen zu ziehen, wenn ihnen das misslingen sollte. So auch Alex Möller, Finanzminister in der Regierung Willy Brandt. Er trat im Mai 1971 vom Amt zurück, weil er zusätzliche soziale Wohltaten der Politik auf Pump nicht mittragen wollte.

Das alles ist längst Geschichte. Heute ist Schuldenmachen zu einer zweifelhaften Tugend geworden. Diejenigen, die heute keine Schulden haben, sind nur noch mit der Lupe auszumachen. Ansonsten

stehen sich Privathaushalte, Unternehmen und Staaten in Sachen „mehr ausgeben als einnehmen" in nichts nach. Wer kein Geld hat und sich dennoch ein neues Auto kauft, erhält dafür das Geld von der Bank, das selbiges, wie erwähnt, buchstäblich aus dem Nichts erschafft. Je mehr auf Schulden nachgefragt wird, desto mehr Geld wird produziert. Das geht so lange gut, wie wir es nicht mit Schulden, sondern mit Verbindlichkeiten zu tun haben. Die Unterscheidung ist wichtig. Eine auf Kredit erworbene Maschine stellt eine Verbindlichkeit dar, wenn damit Ware für den Verkauf produziert wird. Dieser Kredit dient der Wertschöpfung und nicht dem Lustgewinn oder dem Prestige des Schuldners!

Schulden sind keine Verbindlichkeiten, sondern Kredite, die jemand aufnimmt, um sich Dinge zu leisten, die er sich eigentlich gar nicht leisten kann. Das Geld wird aufgenommen, die Wünsche befriedigt, danach soll der Kredit zurückgezahlt werden. Rückwärtssparen also, was nicht wirklich funktionieren kann. Denn wer Schulden macht, spekuliert darauf, mit Geld, was er noch zu verdienen hat, den Kredit zu bedienen. Wie so oft ist das zwar ein frommer Wunsch, aber die Wirklichkeit ist häufig eine andere. Sobald sich die Lebenssituation verändert, beispielsweise durch Krankheit, Arbeitslosigkeit oder Scheidung, sind alle Pläne gescheitert. Hand aufs Herz: Wie haben Sie sich gefühlt, wenn Sie einen besonderen Wunsch hatten und der eines Tages befriedigt wurde? Wie lange währte die Freude darüber? Einen Tag, eine Woche, einen Monat? Egal wie Ihre Antwort ausfallen mag. Tatsache ist doch, dass die Dinge an Bedeutung verlieren, nachdem die Wünsche erfüllt wurden.

Nun stellen Sie sich einmal vor, Sie haben sich diese Wünsche auf Kredit erfüllt, zum Beispiel eine Fernreise. Für den Augenblick ist das schön und Sie werden die Sonne und das Meer in vollen Zügen genießen. Dann aber, wenn der Urlaubsflieger wieder in der regnerischen Heimat landet, haben Sie ein Problem. Sie müssen nun den Urlaub auf Kredit abstottern. Glauben Sie allen Ernstes, Sie haben Spaß daran, diese Raten für den alten Urlaub abzuzahlen? Ihre Urlaubsbräune wird schnell verschwunden sein, und von den Erinnerungen können Sie vielleicht noch etwas länger zehren. Aber nicht ewig. Im Gegenteil. Denn meistens kommen wieder neue Wünsche auf Sie zu, die Sie dann nicht mehr befriedigen können, weil Sie noch die alten Wünsche bezahlen müssen. Eine frustrierende Situation. Irgendwann beginnt der Teufelskreis. Das Geld reicht vorn und hinten nicht mehr. Die Gläubiger, die am lautesten schreien, erhalten als Erstes Geld, wenn überhaupt. Für die Familie bleibt dann kein Geld mehr zum Leben. Unter diesem Druck verlässt der Ehepartner die gemeinsame Wohnung in der Erwartung, anderweitig glücklicher zu werden. Oft können die zurückgebliebenen Schuldner diesem Schuldenkarussell nicht mehr entrinnen. Sie verschließen sich in ihrer Wohnung und wollen mit der Außenwelt nichts mehr zu tun haben. Einziger Begleiter und Freund ist dann oft nur noch eine Schnapsflasche. Deshalb ist Rückwärtssparen das Unsinnigste, was Sie tun können, und darüber hinaus verantwortungslos.

„Erbitte dir zuerst Gesundheit, dann Wohlergehen, drittens ein frohes Herz und zuletzt, niemandes Schuldner zu sein."

Philemon (361–263 v. Chr.)
Griechischer Dichter

Wer weit vor unserer Zeit „rückwärtssparen" übte, landete wegen seiner Zahlungsunfähigkeit im Schuldenturm. Einen davon können Sie noch heute sehen. Er steht in Nürnberg, allerdings nicht im Original, sondern als Nachbau. Aber auch so hinterlässt er einen bleibenden Eindruck, dieses „Narrenhäuslein", wie er auch genannt wird. Im Mittelalter wurden die Schuldner dorthin verfrachtet. Diejenigen, die dieses Martyrium überlebten, waren nach ihrer Ausweisung aus dem Schuldenturm Zeit ihres Lebens stigmatisiert. Inzwischen konnte sich ein Schuldensystem entwickeln, das für die Protagonisten nur von Vorteil ist. Sie können tun und lassen, was sie wollen. Sie verdienen immer und hinterlassen für alle anderen nur verbrannte Erde.

Warum ist das alles so möglich?

Das heutige Geldsystem in der westlichen Welt ist ein auf Täuschung angelegtes System und damit nicht von Freunden der freien Marktwirtschaft entwickelt worden, sondern von Sonderinteressen einzelner Vertreter. Sie bestimmen, was wir dürfen und was nicht. So sind wir z. B. vom Staat gezwungen worden, jede von ihm akzeptierte Währung anzunehmen. Gefragt wurden wir Bürger nicht. Dass uns mit dem Euro als ungeliebten Ersatz der harten DM inzwischen langsam die Luft ausgeht, wird verschwiegen. Seit Einführung des Euro als Scheine und Münzen hat diese angeblich stabilste Währung der Welt bis heute über 50 Prozent (!), also die Hälfte, ihrer Kaufkraft verloren. Damit ist sie auf dem Weg, den Dollar abzulösen. Der verlor seit der Gründung der amerikanischen Bank (Fed) im Jahre 1913 mehr als 98 Prozent! Nun, der Euro verlor innerhalb von zehn Jahren die Hälfte, der Dollar brauchte fast 100 Jahre, um mehr als 98 Prozent zu verlieren. Erkennen Sie die Relationen? Übrigens, es gibt einen Unterschied zwischen Euro und Dollar. Der Euro ist eine Fremdwährung, weil er von einer Gemeinschaft und nicht von einem einzelnen Land ausgegeben wird. Der Dollar ist die Währung einer privaten Bank und nicht einer Regierung.

Weil es so ist, können die Währungshüter, die ja immer unser Wohl im Auge haben sollten, schalten und walten wie sie wollen. Und genau das tun sie auch. Sie manipulieren den Geldmarkt nach eigenem Gusto, indem sie z. B. an der Zinsschraube nach Belieben drehen. Sie entscheiden, ob und wie viel Geld und Kredite in Umlauf gebracht werden.

Das so genannte Giralgeldschöpfungssystem (Fractional Reserve Banking) wurde sogar vom Gesetzgeber erlassen und eingeführt. Von wegen Bank und Staat sind getrennt! Dieses Gesetz erlaubt den Banken, aus buchstäblich frischer Luft Kreditgeld zu erschaffen. Für dieses Geld aus dem Nichts dürfen sie dann Zinsen kassieren. Ein solches System kann nie und nimmer von seinen Bürgern gewollt sein. Somit ist doch eines klar: Unser heutiges Schulden gedecktes Geld und die Notenbanken, die dieses Geld auf den Markt werfen, sind keine Produkte des freien Marktes. Sie sind ein Gewaltmonopol einer selbstsüchtigen und machtbesessenen Klientel, die die Privilegien der Geldschöpfung auf das Übelste missbraucht. In einem freien Markt entscheiden die Menschen „freiwillig“, was Geld und damit Freiheit ist. In unserem heutigen Geldsystem aber entscheidet eine Handvoll nicht vom Bürger gewählter Funktionäre, was mit uns und unserem Geld passiert. Das Schlimme daran ist die Tatsache, dass die Verantwortlichen ihre Stellung nicht durch eine Leistung oder durch ein vorbildliches Verhalten gegenüber der Gesellschaft erwarben. Häufig sorgte das Beziehungs-Gen „Vitamin B“ für die Besetzung dieser Posten. Ihre Hauptaufgabe sehen die Mächtigen nun darin, die Freiheit der Bürger weiter einzuschränken. Denn nichts ist für sie gefährlicher als eine freie Marktwirtschaft. Je freier der Markt agiert, desto weniger können die Geldvertreter handeln. Somit bleibt festzuhalten: Es ist das Geldsystem, das uns diese Entwicklung eingebrockt hat, und nicht der Kapitalismus. Man muss hier sehr genau differenzieren.

> *„Reich ist man erst dann, wenn man sich bei der Bilanz um einige Millionen Dollar irren kann, ohne dass es auffällt.“*
>
> Jean Paul Getty (1892–1976)
> US-amerikanischer Milliardär

Natürlich versuchen die Notenbanken, ihre Macht zu retten, indem sie ihre Mitgliedsbanken mit großzügigen Zuwendungen unterstützen. Das ist auch in Amerika so. Hier wacht das Federal Reserve System (= Fed). Fed ist das Zentralbanksystem, das auch US-Notenbank genannt wird. Es besteht aus dem Board of Governors, zwölf regionalen Federal Reserve Banks und einer Vielzahl von Mitgliedsbanken und anderen Institutionen. Da die Mitgliedsbanken gleichzeitig die Eigentümer der Fed sind, das Direktorium aber vom Präsidenten der Vereinigten Staaten ernannt wird, ist das Federal Reserve System teils privat und teils staatlich strukturiert.

Die Gründung des Fed-Systems geht zurück auf die Anfänge des letzten Jahrhunderts. Auf eine Initiative des deutschen Bankiers Paul Warburg trafen sich im Jahre 1910 auf Jekyll-Island die Familie Morgan (JP Morgan), Paul Warburg sowie Vertreter von der Rockefeller-Gruppe. Gemeinsam arbeiteten sie eine Gesetzesvorlage für eine Zentralbank aus. Das neue Institut sollte von den großen amerikanischen Bankhäusern beherrscht werden. Dadurch sollte ihre Macht auf den Staat und seine Wirtschaft ausgebaut und für alle Zeiten festgeschrieben werden. Der Schwiegervater von John D. Rockefeller II, Senator Nelson Aldrich, brachte diese Gesetzesvorlage in den Kongress ein und scheiterte damit.

Eine herbe Niederlage für die finanzkräftigen Herren, die sich davon aber nicht beeindrucken ließen. Sie finanzierten in der Zeit danach den Wahlkampf des Präsidentschaftskandidaten Woodrow Wilson für die Wahl 1912. Er gewann. Wilson „bedankte“ sich auf ganz besondere Art. Er schleuste die Vorlage seiner Gönner am Tag vor Heiligabend des Jahres 1913, als viele Abgeordnete schon im Weihnachtsurlaub waren, durch den Kongress. Unter dem Namen „Federal Reserve Act“ kam es dann zur Gründung des Fed-Systems.

Ein Gegner dieses Gesetzes war Charles A. Lindbergh, der Vater des Flugpioniers. Vor dem Kongress sagte er:

> *„Dieses Gesetz etabliert das gigantischste Kartell auf Erden. Es wird Inflation erzeugen, wann immer das Kartell Inflation wünscht.“*

Sechs Jahre nach diesem denkwürdigen Tag soll Woodrow Wilson Folgendes gesagt haben[40]: *„Ich bin ein zutiefst unglücklicher Mann. Ich habe unwissentlich mein Land ruiniert. Eine große industrielle Nation wird von ihrem Kreditwesen kontrolliert …“*

Angesichts dieser Fakten bekommen wir als Laien einen ganz anderen Eindruck von den Geschehnissen dieser Welt. Oder hätten Sie geglaubt, dass eine „private“ Bank mehr oder weniger den Dollar kontrolliert? Es bleibt abzuwarten, wie sich das System weiter entwickeln wird. Möglicherweise erlebt es das gleiche Schicksal wie alle anderen großen Dynastien und Reiche, wie die von Babylon, Ägypten, Rom oder das Osmanische Reich. Sie kommen und gehen, so wie die letzten vier großen Reiche, die im letzten Jahrhundert fielen:

> *„Jeder erwartet vom Staat Sparsamkeit im Allgemeinen und Freigebigkeit im Besonderen.“*
>
> Anthony Eden (1897–1977)
> Britischer Politiker

- 1918 Österreich-Ungarisches Reich
- 1945 Deutsches Reich
- 1949 Britisches Weltreich
- 1989 Sowjetisches Reich

Aufgrund dieser Entwicklungen war es den Großbanken möglich, die Wertschöpfung nicht mehr als das Maß aller Dinge zu erklären, sondern den kurzfristigen monetären Erfolg, koste es, was es wolle.

So gewährten die Damen und Herren der Hochfinanz Spekulanten, die an der Börse zockten, ohne große Bonitätsprüfung großzügige Darlehen. Im selben Atemzug verlangten sie von den Unternehmern, die z. B. ihre Fertigungsstätten modernisieren wollten, um die Wertschöpfung zu erhöhen, höhere Sicherheiten. Überdies drängten die Aktionäre die Unternehmer dazu, ihre Kapitalreserven an die Eigentümer auszuschütten und, oh Wunder, alles andere auf Pump zu finanzieren. Mit dieser Forderung verließen sie ebenfalls den Pfad der Tugend, insbesondere die kaufmännische Tradition, Bargeld für „schlechtere" Zeiten zurückzulegen.

Alchimisten waren zu allen Zeiten versucht, Gold synthetisch herzustellen. Weil es ihnen nie gelungen ist, wichen sie auf den Finanzmarkt aus. Hier schien das Unmögliche möglich zu werden. Reichtum aus dem Nichts (bzw. mit geliehenem Geld) aufzubauen, ohne den Weg über eine real existierende Wertschöpfung in Form von Güterproduktion, realen Investments oder Dienstleistungen zu gehen. Wohin das geführt hat, zeigt die derzeitige Krise. *„Der Krug geht so lange zum Brunnen, bis er bricht"*, insofern war es nur noch eine Frage der Zeit, bis das jahrelange Umwälzen der Schulden zu dieser desaströsen Entwicklung führte, mit der wir uns nun schon etliche Jahre plagen.

Heute gehört das Schuldenmachen zum „guten" Ton, wie die Entwicklung der Staatsschulden in Deutschland beweist.

Deutschland, deine Schulden:
(Angaben in Mrd. Euro)

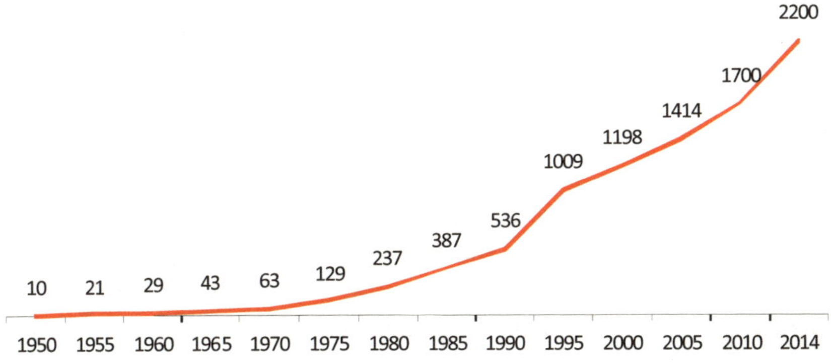

Bemerkenswert ist der rasante Anstieg der Schulden seit der Wiedervereinigung. Seit 1990 haben sich die Schulden fast vervierfacht, wobei sich das Tempo seit 2010 nochmals beschleunigte.

Deutschlands Schulden im Sauseschritt:

Mitte 2010	Mitte 2011	Mitte 2012	Mitte 2013
1.722.551.493.127 €	1.950.520.795.276 €	2.033.962.549.447 €	2.076.649.548.216 €

(Quelle: Deutscher Steuerzahlerbund)

Eine Schuldensumme von 2,07 Billionen Euro bedeutet, dass auf jedem deutschen Einwohner 25.829 Euro Schulden lasten. Weil sich die Gesamtsumme pro Sekunde um rund 900 Euro erhöht, wächst mit jedem Jahr die Pro-Kopf-Verschuldung. Mitte 2010 waren es „nur“ 21.071 Euro. In nur drei Jahren erhöhte sich dieser Betrag um 22 Prozent auf 25.829 Euro.

Doch das ist nur die halbe Wahrheit. Die Realität ist eine andere. Gesprochen wird öffentlich fast ausschließlich über die so genannten expliziten Schulden (lat. explicitus steht für „deutlich“). Die expliziten Schulden belaufen sich, wie erwähnt, auf über 2 Billionen Euro. Hinzu kommen noch die impliziten Schulden (lat. implicitus steht für „mit enthalten, mit gemeint, aber nicht ausdrücklich gesagt“).

Die explizite Schuldenlast der Staaten erhöht sich um die implizite Schuld. Hierbei handelt es sich um Verpflichtungen, die der Staat gegenüber seinen Beamten und Rentnern sowie dem Gesundheits- und Pflegesystem eingegangen ist. Also eine Zahlungsverpflichtung, die keineswegs getilgt werden kann, da sie den Zahlungsempfängern ein Leben lang zusteht. Explizite und implizite Schulden müssen deshalb addiert werden. Weil der Staat nicht verpflichtet ist, wie ein Unternehmer eine Bilanz zu erstellen, muss er für diese Beträge keine Rückstellungen bilden. Das wäre aber dringend notwendig. Denn die implizite Staatsverschuldung in Deutschland liegt Berechnungen aus dem Jahre 2012 zufolge bei ca. zwei Billionen Euro[41]. Somit liegt die tatsächliche Staatsverschuldung bei fast fünf Billionen Euro und damit doppelt so hoch, wie sie in der Öffentlichkeit für gewöhnlich dargestellt wird. Prof. Dr. Bernd Raffelhüschen, der über diese Problematik laufend berichtet, hat ausgerechnet, wie viel Geld jeder lebende Bundesbürger unabhängig von Steuern und Sozialabgaben bis zu seinem Lebensende monatlich bezahlen müsste, um die tatsächliche Schuldenlast des Staates zu tilgen[42]. Es sind 260 Euro und damit 166 Euro mehr als „offiziell“, weil explizit, vermeldet.

Monatliche Belastung zur Begleichung der deutschen Schuldenlast:

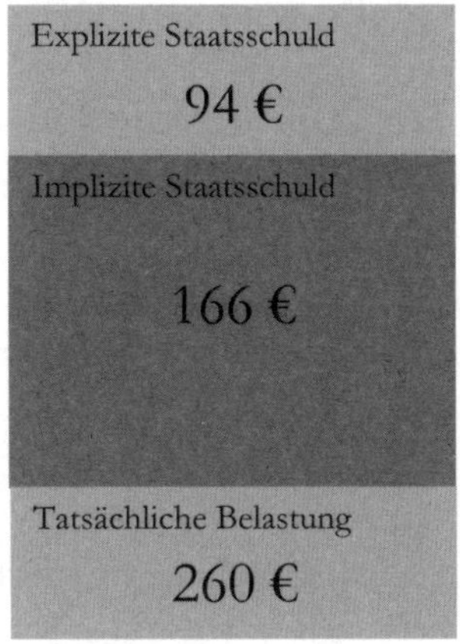

Eine erschreckende Situation, doch liegt es mir fern, Sie mit meinen Ausführungen in diesem Buch zu verunsichern. Es geht mir, wie immer, um eine ganzheitliche Betrachtung. Deshalb macht es wenig Sinn, sich nur die Schulden allein anzuschauen. Es ist ja nicht so, dass der deutsche Staat nur Schulden aufgebaut hat. Er ist im Besitz von erheblichem, allerdings gebundenem Vermögen, was natürlich in die Gesamtbetrachtung mit einfließen muss.

Wenn Sie ein Einfamilienhaus besitzen und darauf ein Darlehen von 100.000 Euro lastet, ist es für sich genommen ein stolzer Betrag. Doch wenn das Objekt einen Wert von 250.000 Euro hat, relativiert sich dieser Betrag. Ihr Vermögen ist in diesem Fall höher als die Verbindlichkeit. Ähnlich verhielt es sich bisher mit dem deutschen Staat. Er verfügte über ein beträchtliches Vermögen, weshalb die Schulden bisher nicht so sehr das Problem waren. Doch die Finanz- und Wirtschaftskrise hat leider dafür gesorgt, dass es ans „Eingemachte“ ging und das Vermögen nun schmilzt wie Butter in der Sonne. In Relation zum Bruttoinlandsprodukt (BIP) stieg die Schuldenquote von 65 Prozent Ende 2007[43] auf über 80 Prozent 2012.

Das staatliche Nettovermögen (Vermögenswerte minus Schulden) ist in den letzten beiden Jahrzehnten dagegen deutlich gesunken. Von 52 Prozent des BIP im Jahr 1991 auf sechs Prozent des BIP 2009. Nun schließt sich meiner Meinung nach der Kreis, weshalb man die Staatsschulden sehr, sehr ernst nehmen muss.

Wer den tatsächlichen finanziellen Zustand eines Staates kennen will, muss sich an der so genannten Nachhaltigkeitslücke orientieren. Sie ergibt sich aus der Addition der expliziten und impliziten Staatsschuld. Je höher der Wert, desto größer drücken die Schulden. Sie sehen in der folgenden Tabelle, dass die Nachhaltigkeitslücke in Irland bei 1.377 liegt. Die Zahl bezieht sich in Prozent auf das Bruttoinlandsprodukt. Das bedeutet, dass Irland fast 14-mal mehr Schulden hat, als es an Einnahmen in einem Wirtschaftsjahr erwirtschaftet. In Deutschland liegt der Wert bei 136. Ein Wert, der weder beruhigen noch beunruhigen sollte, zumal er nicht statistisch ist. So lag dieser 2004 bei 350,1 Prozent[44]. 2006 waren es nur noch 188,20 Prozent. 2010 stieg er auf 230,2. Diese Schwankungen haben verschiedene Ursachen. Entwickelt sich die Konjunktur gut, steigen für gewöhnlich die Einnahmen auch in den Sozialkassen, womit sich die inoffizielle Verschuldung reduziert. Schlittert ein Land in die Rezession, wird sich der Trend umkehren. Kommen dann noch soziale Wohltaten der Politiker dazu, verstärkt sich der Trend. Das ist die Achillesferse der Nachhaltigkeitslücke, die sie so unberechenbar macht.

Nachhaltigkeitsranking
Staatsverschuldung im internationalen Vergleich 2012[45]:

In % des BIP	Implizite Schuld	Explizite Schuld	Nachhaltigkeitslücke
Italien	-123	121	-2
Estland	75	6	81
Deutschland	55	81	136
Portugal	73	108	181
Österreich	242	72	314
Malta	253	71	324
Frankreich	356	86	442
Finnland	420	49	469
Slowakei	506	43	549
Niederlande	499	65	564
Belgien	558	98	656
Slowenien	620	47	667
Zypern	764	71	835
Spanien	735	69	804
Griechenland	720	171	891
Luxemburg	1209	18	1227
Irland	1271	106	1377

Bei Drucklegung dieses Buches steht es um die Staatsfinanzen nicht ganz so schlecht, wie es gemeinhin den Anschein hat. Doch wie sieht es aus, wenn die vielen Bürgschaften und Garantien, die das Land eingegangen ist, erfüllt werden müssen? Was passiert, wenn ein Versprechen, das die Bundeskanzlerin im Herbst 2008 den Bundesbürgern gegeben hat, aufgrund neuerer Krisen eingelöst werden muss? Damals sagte sie:

> *„548 Milliarden Spareinlagen sind vom Staat garantiert – kein Sparer muss Angst haben um sein Geld.“*

Diese Summe ist fast doppelt so hoch wie die Einnahmen des Bundes in einem Jahr. Dass all diese Versprechen möglich sind und unter Umständen sogar eingelöst werden können, ist systembedingt. Während jeder Kreditnehmer über ausreichende Sicherheiten verfügen muss, um in den Genuss eines Kredits zu kommen, ist es beim Staat anders. Sein Versprechen, einen Bürgen zu stellen, der für die Schuld aufkommt, ist den Banken Sicherheit genug. Der Bürge, das sind wir alle, denn wir sind kraft unserer Geburt: deutsche StaatsBÜRGEr und damit per se verpflichtet, für die Schuld gieriger Menschen aufzukommen.

> *„Schwach ist immer die Bürgschaft, die einem Schwachen gelobt wird."*
>
> Johann Wolfgang von Goethe (1749–1832)

Angesichts dieser Zahlen ist es durchaus verständlich, dass die Menschen nach Gold verlangen. Ralph Waldo Emerson (1803–1882), der US-amerikanische Philosoph, sah einen weiteren Grund im Verlangen nach Gold:

> *„Das Verlangen nach Gold ist nicht jenes nach Gold. Es ist zum Zwecke von Freiheit und Wohlfahrt."*

Der Feind des Geldes

Der Feind des Geldes

„Wenn die Regierung das Geld verschlechtert, um alle Gläubiger zu betrügen, so gibt man diesem Verfahren den höflichen Namen Inflation."

George Bernard Shaw

Neben einer Währungsreform ist die Inflation der größte Feind des Geldes. Während eine Reform sichtbar und häufig „über Nacht" kommt, nehmen wir für gewöhnlich eine Inflation nicht wirklich wahr. In kleinen Schritten schleicht sie sich in unser Vermögen und nagt daran, gleich einer Spitzmaus. Erst wenn der „Käse" schon zur Hälfte weggeknabbert wurde, offenbart sich das Desaster. Dann aber ist es häufig schon zu spät. „Schuld" daran sind die kleinen Zahlen, deren Auswirkungen „Otto Normalverbraucher" nicht wirklich zur Kenntnis nimmt, weil ihm hierzu häufig das Zahlenverhältnis nicht bewusst ist.

„Inflation ist der periodisch wiederkehrende Beweis für die Tatsache, dass bedrucktes Papier bedrucktes Papier ist."

Helmar Nahr
Wirtschaftswissenschaftler

Wenn wir einen Blick auf die Preisentwicklung in der Zeit von 2002 bis 2012 werfen, stellen wir eine extreme Schwankung fest. Waren es 2002 nur 1,5 Prozent Inflation, hatten wir es 2006 mit 2,6 Prozent zu tun, während 2009 die Inflationsrate bei nur 0,4 Prozent lag. Diese niedrigen Zahlen täuschen aber über das wahre Ausmaß hinweg.

Zusammengenommen kommt ein erklecklicher Betrag zusammen. Ein Artikel, der 2002 für 100 Euro zu haben war, kostete zehn Jahre später rund 120 Euro, mithin 20 Prozent mehr!

So entwickelten sich die Preise in Deutschland von 2002 bis 2012:

(Quelle: Statistisches Bundesamt)

Als während der Krise die amerikanischen und europäischen Zentralbanken die Finanzmärkte mit Geld en gros fluteten, hielten sich die Experten mit ihrer Kritik nicht zurück. Viele befürchteten eine massive Inflation. So sagte 2009 der damalige deutsche Finanzminister Peer Steinbrück in einem Interview[46]:

> *„Wir laufen in dieselbe Falle wie nach dem 11. September 2001, als die US-Notenbank die Finanzmärkte mit billigem Geld überflutete – und gleichzeitig den Finanzmärkten keine Regeln setzte. Uns könnte nach Überwindung der Rezession eine Inflation drohen, und zwar eine massive."*

Auch warnte der Universitätsprofessor und Finanzexperte Dr. Wolfgang Gehrke in einem ARD-Interview Anfang Januar 2010 vor einer Inflation: *„Wenn wir davon ausgehen, dass wir höhere Inflationsraten bekommen – und das ist gar nicht unwahrscheinlich, denn die Haushalte sind so hoch mit Schulden belastet und man wird eher mit Geldentwertung rechnen müssen –, dann lohnt sich die Immobilie. Insbesondere die selbst genutzte Immobilie. Die Wohnimmobilie ist ein guter Inflationsschutz."*

Vier Monate nach diesem Interview warnte der Bundeswirtschaftsminister Rainer Brüderle (FDP)[47]:

> *„Die Bundesregierung muss eine Geldentwertung unbedingt verhindern … Ich warne vor einer Inflation."*

Sie und viele andere warnten vor einer massiven Inflation. Schauen wir uns noch einmal an, wie sich die Inflation seit 2008, im Jahr eins nach Ausbruch der Finanzkrise, entwickelte:

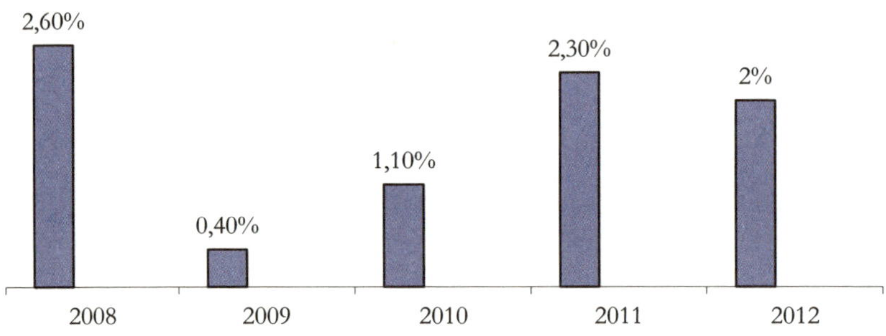

Ganz ehrlich: Unter massiv stelle ich mir etwas anderes vor als 2,6 Prozent, obwohl, wie erwähnt, auch 2,6 Prozent „gefährlich" sind. Dennoch haben die Experten mit ihrer Einschätzung Recht. Sie sprechen von einer Inflation, also einer Geldentwertung. Für gewöhnlich schauen wir also auf unser Geld und stellen fest, dass wir immer weniger dafür kaufen können. Man kann es auch anders ausdrücken: Das Geld wird weniger wert, weil die Waren immer teurer werden. Denn der Begriff Inflation leitet sich ab von lateinisch „inflatio“ und bedeutet „das Aufblasen, das Aufschwellen“, und genau mit diesem Problem haben wir es seit Ausbruch der Finanzkrise extrem zu tun. Die Preise blähen sich auf, und zwar gewaltig.

Ob Aktien, Lebensmittel, Rohstoffe oder Immobilien, die Preise (Kurse) sind seit Ausbruch der Krise dramatisch gestiegen, womit die Experten Recht behalten haben. Wir haben eine massive Inflation.

So stieg der „Preis“ für den DAX:

Am 31. Dezember 2008 notierte der DAX bei rund 4.800 Punkten. Fünf Jahre später (bei Drucklegung dieses Buches) freuen sich Aktionäre über 8.200 Punkte. Wir sprechen hier von einer Preiserhöhung von 70 Prozent!

Ähnlich, aber weniger dramatisch, stiegen die Preise für Immobilien:

(Basis: Index 100 im Jahr 2007)

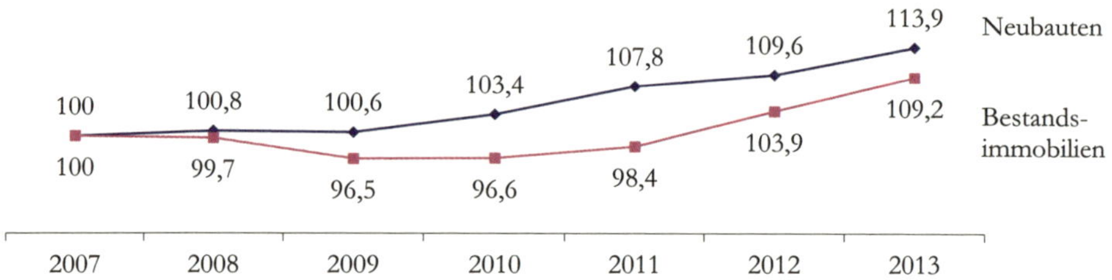

(Quelle: IMX-Immobilienindex[3])

Ähnlich die Preisentwicklung von Eigentumswohnungen:

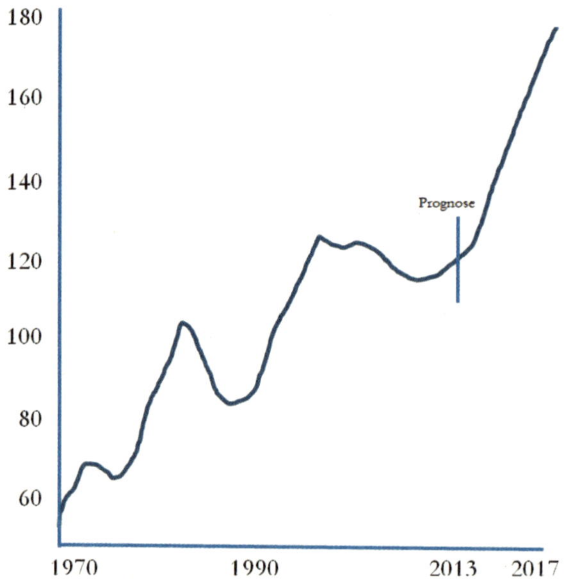

(Quelle: Kiel Economics; Angaben indexiert; bis 1989 altes Bundesgebiet; ab 1990 Gesamtdeutschland)

[3] Der IMX ist der neue Angebotsindex für Immobilien in Deutschland. Herausgeber ist ImmobilienScout24, Deutschlands größter Immobilienmarkt. Grundlage des IMX sind über elf Millionen Immobilienangebote, die seit 2004 auf ImmobilienScout24 inseriert wurden. Monatlich kommen rund 150.000 neue Objekte hinzu. Weitere Informationen unter www.immobilienscout24.de

So entwickelte sich der Preis für Gold:

So für Silber:

So für Kupfer:

So entwickelten sich die Preise für Nahrungsmittel seit 2002:

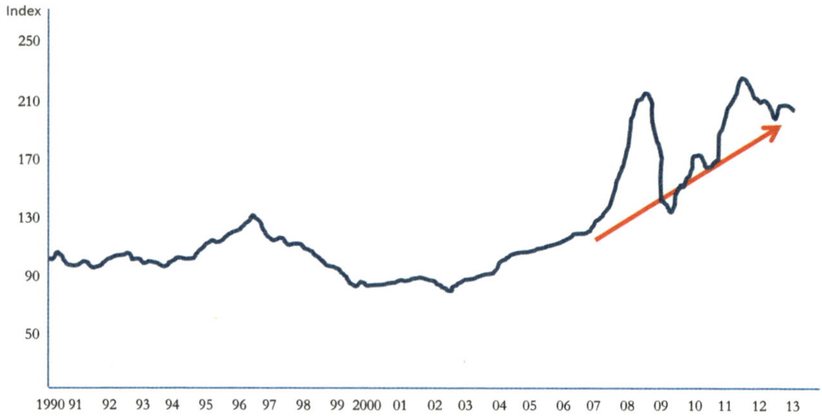

(Quelle: UN Food and Agriculture Organization (FAO); Index 2002 bis 2004 = 100; ohne Berücksichtigung der Inflation)

Preisentwicklung für Agrarrohstoffe Nahrungs- und Genussmittel von 2002 bis 2012:

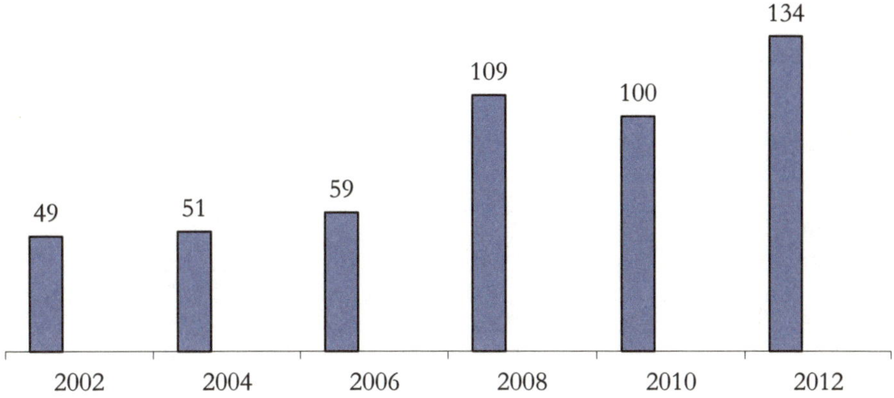

(Quelle: statista.de; HWWI, Zahlen jeweils August)

Sie sehen hier die weltweite Preisentwicklung der Agrarrohstoffe Nahrungs- und Genussmittel. Der so genannte HWWI-Indexwert lag im August 2012 bei 134 Punkten. Das bedeutet, dass die Preise von Nahrungs- und Genussmitteln zu dieser Zeit um 34 Prozent höher lagen als im Jahr 2010.

So haben sich die Preise seit 1960 entwickelt:

Produkt/Dienstleistung	Preis 1960	Preis 2009	Teuerung	Verteuerung pro Jahr
Mischbrot (1000 Gramm)	0,41 €	2,53 €	517%	3,78 %
Markenbutter (250 Gramm)	0,83 €	0,94 €	13%	0,25 %
Zucker (1 kg)	0,63 €	0,98 €	56%	0,91 %
Vollmilch (1 Liter)	0,22 €	0,72 €	227%	2,45 %
Eier (10 Stück)	1,07 €	1,89 €	77%	1,17 %
Rindfleisch (1 kg)	3,32 €	7,28 €	119%	1,62 %
Schweinekotelett (1 kg)	3,32 €	7,43 €	124%	1,66 %
Brathähnchen (1 kg)	2,82 €	2,53 €	-10%	-0,22 %
Kabeljau (1 kg)	1,19 €	15,52 €	1204%	5,38 %
Kartoffeln (2,5 kg)	0,36 €	2,28 €	533%	3,84 %
Edamer-Käse (1 kg)	2,37 €	7,80 €	229%	2,46 %
Kaffee (1 Pfund)	4,50 €	4,42 €	-2%	-0,04 %
Herrenanzug	86,41 €	238,91 €	176%	2,1 %
Damenkleid	33,64 €	95,10 €	183%	2,14 %
Damen-Strumpfhose	1,55 €	4,02 €	159%	1,96 %
Strom (incl. Grundgebühr)	12,86 €	48,97 €	281%	2,77 %
Benzin (1 Liter)	0,31 €	1,28 €	313%	2,94 %
Kühlschrank	198,89 €	333,95 €	68%	1,06 %
Waschmaschine	285,30 €	450,45 €	58%	0,94 %
Fernseher	446,87 €	188,13 €	-58%	-1,75 %
Tageszeitung (1 Monat)	2,13 €	23,64 €	1010%	5,03 %
GEZ-Gebühren	1,02 €	5,76 €	465%	3,6 %
Schuhe (1 Paar) besohlen	5,22 €	22,52 €	331%	3,03 %
Damenfriseur (Waschen/Föhnen)	1,87 €	16,81 €	799%	4,58 %
Herren-Haarschnitt	1,73 €	16,50 €	854%	4,71 %
Kinokarte	0,80 €	6,54 €	718%	4,38 %
Bild-Zeitung	0,05 €	0,60 €	1100%	5,20 %
VW-Golf	3.995,00 €	16.158,00 €	304%	2,89 %
Durchschnittliche jährliche Preissteigerung				2,60 %

Diese meine Liste inflationsbedingter Preissteigerungen ließe sich noch weiter ausführen. Doch auch so wird erkennbar, dass wir es mit extremen Verwerfungen zu tun haben. Dennoch ist die Frage berechtigt, wie die weitere Entwicklung aussehen könnte. Lassen Sie es mich einmal so formulieren: Nichts Genaues weiß man nicht. Nur in einem bin ich mir sicher: Die Preise für Rohstoffe werden auf einem begrenzten Planeten steigen, weil ihre Zahl endlich ist. Dagegen bin ich mir sicher, dass die Preise für Immobilien nicht in dem Tempo weitersteigen können wie in den ersten Jahren nach Ausbruch der Finanzkrise.

„Inflation ist Diebstahl am kleinen Mann."

Norbert Blüm
Ehemaliger Arbeits- und Sozialminister

Die „Rendite" einer Immobilie sind die Mieter, und deren Einkommen wächst eben nicht. Eine Lohn- und Gehaltssteigerung von zwei Prozent wird durch die Inflation komplett aufgezehrt, wie diese Entwicklung zeigt.

So haben sich von 2002 bis 2013 Löhne und Preise verändert:

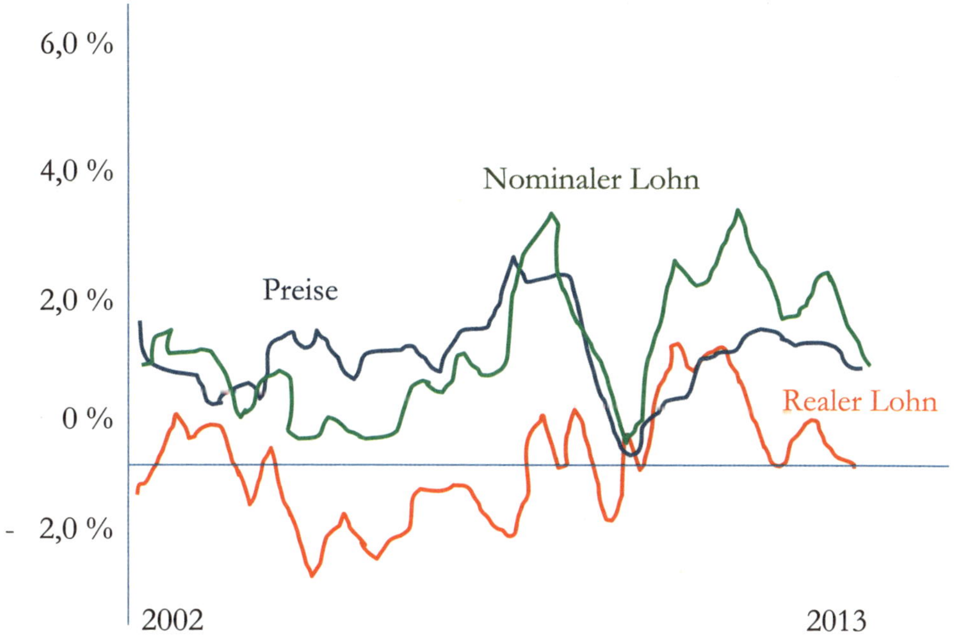

Mit anderen Worten: Die Löhne haben sich in rund 10 Jahren real so gut wie nicht verändert. Deshalb können Vermieter ihre Mieten nicht bis ins Unendliche steigern.

Auch können Aktienkurse nicht ins Unendliche steigen. Zudem ist die Entwicklung an den Börsen bar jeder Vernunft. Fakt ist doch,

dass die Unternehmensergebnisse während des extremen Kursanstieges nach 2008 im besten Fall stagnierten, im schlimmsten sogar sanken. Wenn unter diesen Bedingungen Kurse steigen, ist mehr Spekulation und weniger Substanz im Spiel. Sie erinnern sich an meine Ausführungen im Kapitel „Des Kaisers neue Kleider". Es wird der Tag kommen, an dem viele Aktionäre erkennen müssen, dass die Kurssteigerungen lediglich nackte Zahlen ohne Substanz sind. Spätestens dann, wenn die Spekulationsblase platzt, so wie in den letzten 15 Jahren an der Börse.

Also wohin mit dem vielen Geld, das einen sicheren Hafen sucht, um die schwierigen Zeiten, die auf uns zukommen werden, zu meistern? Geldanlagen, die derzeit weniger Rendite erwirtschaften als die Inflationsrate, verringern die Kaufkraft. Gold erwirtschaftet zwar keine Zinsen, doch behält es seine Kaufkraft, und genau deshalb ist die Geldanlage in Edelmetalle, insbesondere in Gold, anderen vorzuziehen. Bereits 2005 mahnte der ehemalige Vorsitzende der amerikanischen Notenbank, Paul Volker:

> *„Ich weiß nicht, ob eine Veränderung mit einem Knall oder einem Wimmern kommen wird, ob früher oder später. Aber so wie die Dinge stehen, ist es eher wahrscheinlich, dass es eine Finanzkrise sein wird, welche die Veränderung herbeiführen wird."*

Der ehemalige Chefvolkswirt der Deutschen Bank und „Senior Fellow“ am Center for Financial Studies der Frankfurter Goethe-Universität, Thomas Mayer, antwortete in einem Interview[48] mit der „Frankfurter Allgemeine Zeitung“ am 29. Dezember 2012 auf die Frage: *„Können Anleger in Gold investieren, um sich zu schützen, oder ist der Goldpreis schon zu hoch?“*

> *„Ich glaube nicht, dass Gold schon zu teuer ist. Es wird noch eine ganz neue Funktion bekommen. Auf die Finanz- und Wirtschaftskrise, die zu einer Staatsschuldenkrise wurde, kann nämlich eine weltweite Krise des Papiergelds folgen. Die Menschen werden ihrem Geld nicht mehr vertrauen – dann wird Gold zu einer Art weltweiten Parallelwährung. So ähnlich war das in den 70er-Jahren nach dem Ölpreisschock. Damals wurde Gold auch plötzlich viel teurer, genauso wie Immobilien. Ich halte es für gut möglich, dass wir auf eine ähnliche Entwicklung zusteuern.“*

In aller Bescheidenheit: Diesen seinen Worten schließe ich mich an. Nicht zuletzt auch wegen der dramatischen Schuldensituation führender Industrieländer.

Im Internet[49] habe ich einen interessanten Artikel gefunden, der uns die Dimension der gigantischen Staatsverschuldung am Beispiel der USA vor Augen führt. Die Übersicht beginnt mit einer 100-Dollar-Note. Es folgt ein Notenstapel mit einer Million Dollar. Für dieses Geld muss im weltweiten Durchschnitt ein Mensch etwa 92 Jahre arbeiten. Hundert Millionen Dollar passen als 1,50 Meter hoher Stapel noch auf eine ISO-Palette. Eine Milliarde in gleicher Höhe aufgestapelt füllt bereits zehn ISO-Paletten. Eine Billion Dollarscheine ausgebreitet und aufeinandergestapelt ergibt in der Fläche ein Feld, auf dem rund 40 amerikanische Lkw-Sattelzüge nebeneinander stehen sowie jeweils fünf hintereinander. Das Feld ist so groß, dass darauf eine Boeing 747-400 bequem parken könnte. Nun haben die Amerikaner fast 17 Billionen US-Dollar Schulden. Stellen Sie sich nun vor, die zuvor beschriebene Menge der Lastwagen bliebe in der Fläche gleich, doch müssten weitere übereinander gestapelt werden, dann reicht dieser Quader etwa bis zu den Unterarmen der amerikanischen Freiheitsstatue. Der US-Staat zahlt Renten und erbringt Sozialleistungen, somit haben wir es hier mit im- und expliziten Staatsschulden zu tun. Diese zusammengenommen ergeben die unvorstellbare Summe von rund 115 Billionen US-Dollar. Diese in US-Dollarscheinen aufgetürmt erweitern das schon bestehende Feld um ein weiteres, das in der Höhe das Empire State Building bei weitem übertrumpft.

Wer weiß, vielleicht überragen die Schulden der USA schon bald den höchsten Turm der Welt: den Burj Khalifa in Dubai. Gut vorstellbar, denn das, was der US-Notenbank-Chef, Ben Bernanke, von sich gab, lässt nichts Gutes hoffen:

> *„Die US-Regierung verfügt über eine Technologie, genannt Druckerpresse, die ihr die Produktion so vieler US-Dollar erlaubt, wie sie wünscht – und das ohne Kosten … Es gibt so gut wie keine bedeutsame Grenze für das, was wir in das System injizieren könnten, wenn es notwendig sein sollte."*

Von dieser Möglichkeit, Geld nach Gusto zu drucken, machen die US-Amerikaner seit Jahren schon Gebrauch en gros. So stieg von Anfang der 1950er-Jahre bis 2013 die Geldmenge M2[4] um fast 3.950 Prozent. Kein Wunder, dass sich eine fast ähnliche Entwicklung

[4] Die US-Zentralbank Fed definiert die Geldmenge wie folgt: M0/Geldbasis: alle US-Dollar-Barbestände in Banknoten und Münzen. M1: M0 plus US-Dollar-Sichteinlagen. M2: M1 plus die laufenden US-Dollar-Girokontenbestände plus alle US-Dollar-Einlagenzertifikate (z. B. US-Dollar-Staatsanleihen) und alle US-Dollar-Geldmarkt-Kontenbestände unter 100.000 US-Dollar. M3: M2 plus alle größeren Guthaben über 100.000 US-Dollar, u. a. die Euro-Dollar-Reserven, größere übertragbare US-Dollar-Wertpapierbestände, und die US-Dollar-Devisenbestände der meisten nichteuropäischen Länder. Diese Geldmenge wird von der Fed berechnet, aber seit 2006 nicht mehr veröffentlicht. MZM: „money of zero maturity" besteht aus Bargeld plus Giro-, Sparkonten, privaten Geldmarktkonten plus institutionellen Festgeld- und Geldmarktkonten.

beim Goldpreis ergab. Er ist um 3.560 Prozent gestiegen, wie Sie der folgenden Grafik entnehmen können.

Geldmengenausweitung treibt den Goldpreis in die Höhe:

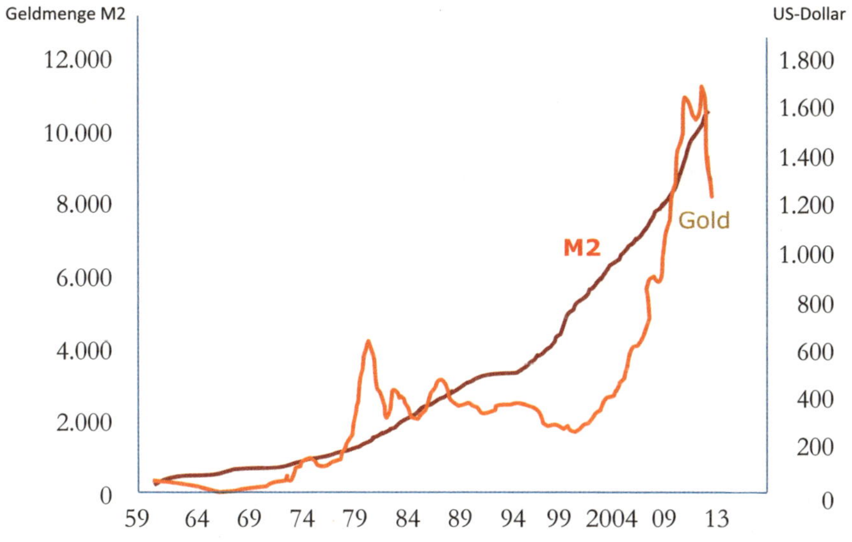

(Quelle: Bloomberg, Thomson Financial, Degussa Goldhandel)

Wie der Blick auf die Grafik zeigt, liefen Geldmengenausweitung und Goldpreisanstieg nicht immer parallel, wie in den Jahren 1980 bis 2001. Doch damals gab es so etwas wie die Finanz- und Schuldenkrise in der uns heute bekannten Form nicht. Der Chefvolkswirt der Degussa Goldhandel, Thorsten Polleit, sieht dennoch nicht nur politische Krisen, die Anleger dazu treibt, in Gold zu investieren. In einem Interview sagte er: *„Nicht nur politische Krisen führen dazu, dass Anleger vermehrt in Öl und Gold investieren. Auch zwischen der Ausweitung der Geldmenge und dem Öl- und Goldpreis besteht ein enger Zusammenhang."*

Weiter führte er aus[50]:

> *„Kurzfristig könnten die Preise für Öl und Gold aufgrund besonderer politischer Ereignisse reagieren. Langfristig ist jedoch vor allem die Entwicklung der Geldmenge für die Preise bedeutsam. Eine fortgesetzte Ausweitung der Geldmenge – und zwar nicht nur in den USA, sondern auch in anderen Regionen – spricht folglich für einen weiter steigenden Öl- und Goldpreis. Dass die Politik der Geldvermehrung fortgeführt wird, ist sehr wahrscheinlich, vor allem dann, wenn die Verbesserungen der Konjunkturlage hinter den Erwartungen und Hoffnungen zurückbleiben – und damit ist zu rechnen."*

Wie weiter vorne erwähnt, laufen Schulden irgendwann aus dem Ruder. Man kann Geld nach Belieben drucken. Das ist kein Problem, doch muss dieses Geld auch zurückgezahlt werden. Das ist das Problem. Eines Tages muss daher zwingend die Gesamtrechnung präsentiert werden. Dann ist sie vorbei, die Zeit der Ausflüchte und Entschuldigungen. Dann muss gezahlt werden. Sofort. Wer nicht zahlen kann, dem droht der Bankrott.

Wirtschaftsprofessor Dr. Paul Schmidt sagte in einem Interview mit der Süddeutschen Zeitung, dass es in Sachen Staatsschuldenkrise hässlich werden könnte. Der Professor untersuchte 250 Finanzkrisen weltweit. So fand er einen gemeinsamen Nenner: Immer waren es exzessive Schulden, die das System zum Bersten brachten. Darauf folgten Hyperinflation und Währungsreform. Sünder waren seiner Meinung nach häufig die Regierungen, die über ihre Verhältnisse lebten. Deshalb, so seine Feststellung, werde man Krisen auch in Zukunft nicht verhindern können. Allein im letzten Jahrhundert hat es 130 Staatsschuldenkrisen und Staatspleiten gegeben. Zudem zeigt die Historie, dass schwere Staatsschuldenkrisen im Durchschnitt acht bis neun Jahre dauern. So etwas ist weder von der Regierung noch vom Volk auszuhalten. Erschwerend kommt hinzu, dass mit einer Staatspleite fast immer auch die nationalen Bankensysteme Bankrott gehen. Mit anderen Worten: Die Europäische Zentralbank, die vorgibt, von der Politik unabhängig agieren zu können, ist schon längst mit im Boot. Immerhin kauft sie seit Mai 2010 Staatsanleihen auf, was bekanntermaßen mit den Maastrichter Verträgen unvereinbar ist.

„Mir scheint, dass das deutsche Volk, zugespitzt, fünf Prozent Preisanstieg eher vertragen kann als fünf Prozent Arbeitslosigkeit."

Helmut Schmidt
Ehemaliger Bundeskanzler

Wenn wir doch aus der Geschichte gelernt haben, dass Papiergeld die mit Abstand schlechteste Form der „Besitzwahrung von Vermögen" ist, dann überrascht das Anlegerverhalten der Deutschen. Sie verfügen über ein Geldvermögen von rund 5 Billionen Euro. Das meiste davon ist bei Banken und Versicherungen angelegt. Mit Blick auf die Entwicklung in Zypern ein leichtfertiges Verhalten. Mit Blick auf die Inflation sowieso.

Aufteilung des Geldvermögens der Deutschen:
(Angaben in Mrd. Euro)

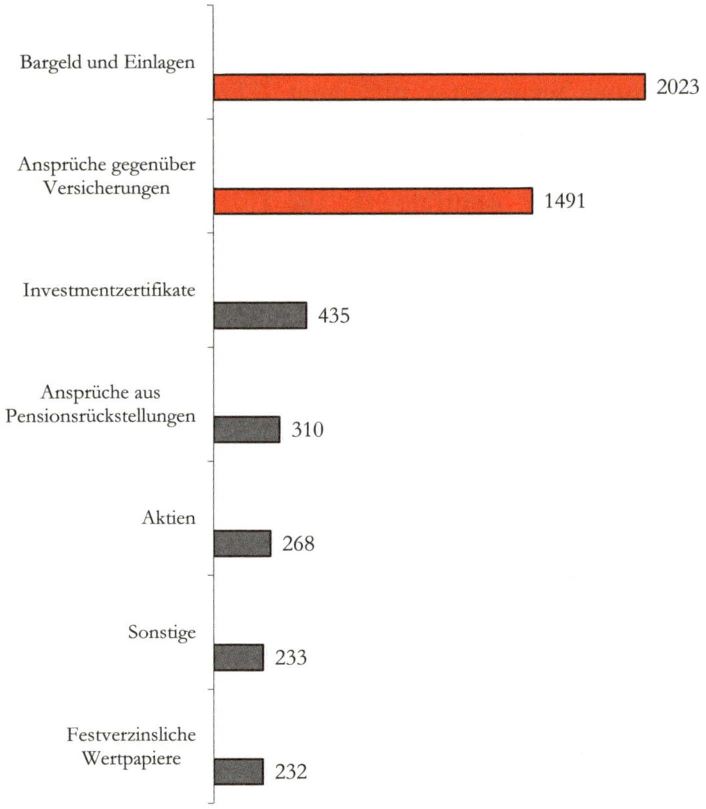

(Quelle: Deutsche Bundesbank; DIW; Zahlen 1. Quartal 2013)

Nur fünf Prozent des Geldvermögens sind in Aktien und damit in Sachwerte investiert. Das steht nicht im Widerspruch zu meinen bisherigen Ausführungen zu Aktien. Sie sind für mich Teil einer jeden „gesunden" Vermögenszusammenstellung, vorausgesetzt, hier wird vorausschauend und nicht hochspekulativ investiert. Fast drei Viertel des gesamten Geldvermögens hingegen liegen bei Banken und Versicherungen, und das kann in Krisenzeiten zu einem Problem werden, wie Sie im folgenden Kapitel noch sehen werden. Wobei deutlich gesagt werden muss, dass wir mit der Einführung von Papiergeld seit jeher eine „Art Krise“ haben, nämlich besagte Inflation, von der Experten sagen, dass zwei Prozent stimulierend wirken und daher weniger gefährlich sind. Die meisten Menschen haben Angst vor einem Staatsbankrott oder einer Währungsreform, missachten aber die schleichende Geldentwertung, die genauso bedrohlich ist. Ich bin der Meinung, dass das Verhalten des Staates, immer wieder aufs Neue die Inflation anzuheizen, im absoluten Gegensatz zum Grundgesetz steht. Hier heißt es in Artikel 14, Abs. 1 (GG):

„Das Eigentum und das Erbrecht werden gewährleistet.“

Der „Vater des Wirtschaftswunders“, Prof. Dr. Ludwig Erhard, bezeichnete die Inflation als

„entschädigungslose Enteignung zu Gunsten der öffentlichen Hand“.

Nun ja, er war ja nicht nur Bundeskanzler, sondern auch Wirtschaftsminister. Er hatte also Zeit zum „Gestalten“, und doch verlor die Deutsche Mark von 1948 bis zu ihrem „Ende“ 2001 rund 90 Prozent an Wert.

Entwicklung der Inflation:
(Kaufkraftverfall in Deutschland (von 1953 bis 2001; Basis: 100 Pfennig)

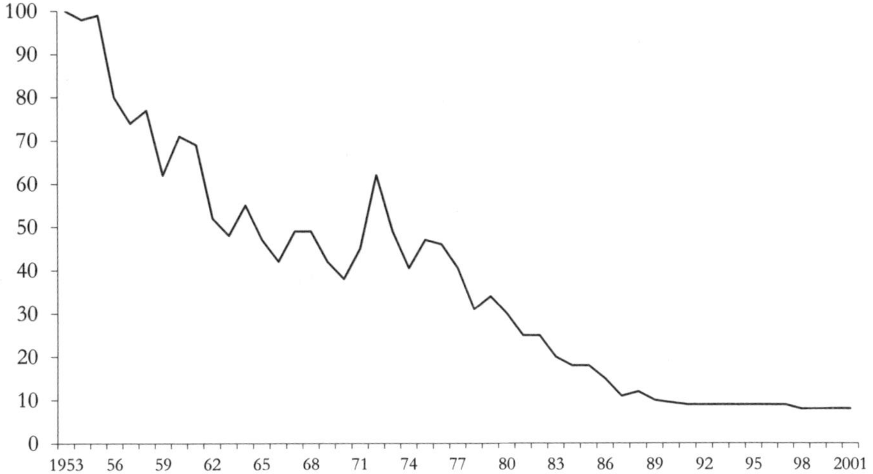

(Quelle: Statistisches Bundesamt)

Durch die schleichende Geldentwertung wird das Bürgerrecht auf Eigentumsgarantie verletzt, und keiner unternimmt etwas dagegen. Schon der Finanzminister Dr. Karl Schiller (1911–1994) konnte der Inflation nichts abgewinnen:

> *„Inflation ist wie ein Rauschgift. Für eine Weile versetzt es uns in Hochstimmung, verklärt die Welt und hilft uns, unsere Probleme zu vergessen. Aber das Erwachen folgt unweigerlich. Dann wird klar, dass die Reise keine Probleme gelöst, sondern noch weitere geschaffen hat. Energien wurden vergeudet, Fehlanpassungen in der Wirtschaft zeigen sich, ein allgemeiner Zusammenbruch rückt in den Bereich des Möglichen."*

William Shakespeare schrieb: *„An sich ist nichts weder gut noch böse. Das Denken macht es erst dazu."* Und so gibt es auch „Experten", die der Inflation etwas Positives abgewinnen können. Für sie ist die Inflation eine Art Begleiterscheinung einer boomenden Wirtschaft. Läuft es hier rund, können Arbeiter und Angestellte höhere Löhne durchsetzen. Aus diesem Grund lag die Inflationsrate in den 1960er-Jahren höher als in der derzeitigen „Krise". Deshalb, so die „Befürworter" einer Inflation, sollte man selbige nicht bekämpfen, denn dann würde man in Kauf nehmen, dass das Wirtschaftswachstum zurückgeht. Dann steigt die Zahl der Arbeitslosen und damit steigen die Ausgaben des Staates usw.

Ein Stück weit teile ich diese Ansicht. Nicht von ungefähr wurde im Maastrichter Vertrag zur Einführung des Euro eine Inflationsrate von zwei Prozent akzeptiert. Doch alles, was darüber hinausgeht, macht sie so gefährlich. Es sind vor allen Dingen die Rentner und Empfänger von Sozialleistungen, die die Auswirkung der Inflation am ehesten zu spüren bekommen. Das, so die „Befürworter einer Inflation", ließe sich durch Erhöhung und Anpassung korrigieren. Stimmt. Nur wenn wir uns die Entwicklung der Renten anschauen, dann wird hier mitnichten angepasst. Die Rentenerhöhungen liegen häufig deutlich unter der Inflationsrate. Darüber hinaus sind es die Sparer, die ihr Vermögen im Schweiße ihres Angesichts erarbeitet und gespart haben. Oft unter großen Entbehrungen. Sie werden durch eine Inflation für dieses Verhalten im weitesten Sinne bestraft, während Bezieher von Sozialleistungen, die nicht vorgesorgt haben, häufig nicht um dieses Problem wissen.

Zudem wird in Sachen Inflationsrate nicht mit offenen Karten gespielt. Berechnet wird sie allmonatlich vom Statistischen Bundesamt in Wiesbaden. Die Statistiker erfassen mit ihr die preisliche Veränderung einer festgelegten Zusammensetzung von Waren und Dienstleistungen. In diesem „Warenkorb“ sind allerdings nicht nur Waren des täglichen Bedarfs sowie Energiekosten, sondern auch Güter, die weniger häufig nachgefragt werden. Darunter Autos, Fernseher, Urlaubsreisen usw. So kaufen wir Konsumenten regelmäßig Lebensmittel, häufig täglich, wohingegen ein Fernseher oder ein Auto nur alle paar Jahre neu angeschafft wird. Deshalb nehmen wir Preisveränderungen bei langlebigeren Gütern weniger stark wahr als bei Produkten, die wir täglich kaufen. Experten sprechen in diesem Zusammenhang von einer „gefühlten“ Inflationsrate, die naturbedingt deutlich höher liegt als die amtliche. So meldete das Statistische Bundesamt für Juli 2013 eine Inflationsrate von 1,9 Prozent. Tatsächlich aber stiegen die Preise für Butter um 31 Prozent, Kartoffeln um 44 Prozent, Obst um 11 Prozent und Strom um 12 Prozent. Für sich genommen kleinere Summen, die, ganzheitlich betrachtet, für viele existenzgefährdende Ausmaße annehmen.

> *„Inflation ist immer schlecht. Niemand hat es gerne, wenn sein Geld weniger wert wird. Leider lässt sie sich niemals ganz vermeiden.“*
>
> Dr. Theo Waigel
> Ehemaliger Bundesfinanzminister

Im Juli 2013 konnten sich die Rentner über eine Rentenerhöhung von 0,25 Prozent freuen (Westdeutschland). Somit stieg die bisherige Rente von 1.000 Euro auf 1.002,50 Euro. Diese 2,50 Euro reichen mitnichten aus, um die gestiegenen Energie- und Lebenshaltungskosten aufzufangen. Allein für Strom muss ein Durchschnittshaushalt in Deutschland mehr aufwenden als die Erhöhung ausmacht. Verständlich, dass vielen angst und bange wird, wenn sie auf ihr Vermögen schauen, für das sie so lange gearbeitet haben und von dem sie bis ans Ende ihrer Tage leben wollten. Denn Zinsen bekommen sie für ihr Geld auch nicht mehr, sodass die Inflationsrate sie noch stärker trifft. Einer Studie zufolge verlieren die Sparvermögen bei Banken allein 2013 real rund 14 Milliarden Euro an Wert[51]. Für 2014 wird sogar ein Vermögensschwund von rund 21 Milliarden Euro prognostiziert.

„Durch den Anstieg der Inflation bei anhaltend niedrigen Zinsen wird sich die reale Vermögensentwertung beschleunigen“, heißt es hierzu. Insofern bekommt die Feststellung Albert Einsteins ein völlig anderes Gewicht. Er meinte: *„Die größte Erfindung des menschlichen Geistes? Die Zinseszinsen!“* Bezogen auf Erspartes durchaus eine segensreiche Erfindung. Wenn Sie jeden Monat 1.000 Euro verdienen und diese 1.000 Euro gewinnbringend anlegen, sagen wir zu 10 Prozent, dann brauchen Sie rund 24 Jahre, um Millionär zu sein. Vorausgesetzt, Sie legen die ersparten Zinsen wieder an – also das Zinseszins-Prinzip. Das ersparte Geld bleibt liegen und Sie zahlen auch weiterhin 1.000 Euro, die mit 10 Prozent verzinst werden, dann sind Sie bereits nach weiteren 6,5 Jahren zweifacher Millionär, und das in einem Viertel der Zeit. Richtig spannend aber wird es, wenn Sie die dritte Million Ihr Eigen nennen wollen, dann brauchen Sie nämlich nur noch vier Jahre, und Sie haben dieses Ziel erreicht. Machen Sie zu den gleichen Bedingungen weiter, dann haben Sie Ihre vierte Million nach rund drei Jahren auf dem Konto:

Geld kommt zu Geld:

Ziel	Erreicht nach insgesamt:
1.000.000 €	24,0 Jahren
2.000.000 €	30,5 Jahren
3.000.000 €	34,5 Jahren

Allerdings währt die Freude kurz. Zum einen, weil ich der Einfachheit halber mit zehn Prozent Zinsen gerechnet habe. Diesen Zinssatz durchgängig zu erhalten, ist unmöglich. Zum anderen habe ich die Inflation nicht berücksichtigt. Eine Million Euro hat nach 24

Jahren und einer Inflationsrate von 2 Prozent nur noch eine Kaufkraft von rund 600.000 Euro.

Diese Form der Geldvernichtung ist schleichend, sie wird nur von den wenigsten zur Kenntnis genommen, weil sie unstet ist. Einmal steigen die Preise stärker. Ein anderes Mal steigen sie weniger stark. Wer will da schon genau hinsehen? Der Verbraucher registriert für gewöhnlich, dass der Preis für Butter wieder einmal um *nur* vier Cent gestiegen ist, der Benzinpreis gegenüber dem Vorjahr ebenfalls um zehn Cent. Alles in allem doch nur kleine Beträge.

„Inflation ist wie Nikotin und Alkohol. In kleinem Maße sind sie stimulierend. Man darf nur kein Kettenraucher werden oder Alkoholiker.“

André Kostolany (1906–1999)
Investorenlegende

Bekanntlich ist Kleinvieh für viel Mist verantwortlich, und so ist es auch die Summe im Ganzen, die dafür sorgt, dass sich am Ende wesentlich weniger Geld in unseren Taschen befindet als gemeinhin angenommen. Für Kapitalanleger ist diese Entwicklung katastrophal und gefährlich, weil eine Vermögensanlage oft über Jahrzehnte geplant wird. Hier führen falsche Entscheidungen zu gravierenden finanziellen Einbußen. Deshalb muss jede Geldanlage einer solchen Entwicklung Rechnung tragen. Neben einer Steigerung des Gesamtvermögens muss jede Geldanlage auch so viel Erträge abwerfen, dass damit eventuelle Verluste der schleichenden Geldentwertung aufgefangen werden. Es geht letztlich nicht nur um das Mehren des Kapitals, sondern oder gerade auch um den Erhalt der Kaufkraft.

Vermögensverlust durch Inflation:

Ursprungsbetrag	nach 13 Jahren	nach 23 Jahren	nach 33 Jahren
100.000,00 €	69.000,00 €	51.000,00 €	38.000,00 €
200.000,00 €	137.000,00 €	102.000,00 €	75.000,00 €
300.000,00 €	205.000,00 €	153.000,00 €	113.000,00 €
500.000,00 €	341.000,00 €	254.000,00 €	189.000,00 €

(Es wurde eine Preissteigerung von 3 % p. a. unterstellt.)

Aus einem Anlagekapital von 10.000 Euro und einem Brutto-Zinsertrag von 500 Euro stehen inflationsbereinigt am Ende nur 10.063 Euro zur Verfügung. Das ist bitter und beweist wieder einmal, dass mit Zinserträgen von fünf Prozent kaum etwas zu verdienen ist. Sie reichen gerade einmal aus, das Kapital nicht aufzuzehren. Das ist aber entschieden zuwenig. Für ein sorgenfreies Leben braucht es schon ein wenig mehr.

Wie sich Ihr Geld entwertet, entnehmen Sie bitte der folgenden Tabelle, die wie folgt zu lesen ist. In z. B. zehn Jahren haben Ihre heutigen 100 Euro eine Kaufkraft von rund 66 Euro, wenn bis dahin die Inflationsrate bei durchschnittlich vier Prozent liegen würde. Sie sehen, diesen Umstand der schleichenden Geldentwertung müssen Sie in all Ihre finanziellen Planungen einbeziehen. Wenn Sie daran keinen Gedanken verschwenden, werden Sie am Ende weniger in der Tasche haben. Wenn Sie heute fünf Prozent Zinsen bekommen und Ihren steuerlichen Freibetrag ausgeschöpft haben, bleibt von Ihrem Zinsgewinn so gut wie nichts übrig. Nehmen wir an, Sie haben 10.000 Euro investiert. Somit hätten Sie nach einem Jahr augenscheinlich 500 Euro verdient. Stimmt aber nicht.

Geldentwertungstabelle
Wie sich 100 Euro über die Jahre entwickeln können:

Inflationsrate Jahre	2 %	3 %	4 %	5 %	6 %	7 %	8 %	9 %	10 %	11 %	12 %
1	98,00	97,00	96,00	95,00	94,00	93,00	92,00	91,00	90,00	89,00	88,00
2	96,04	94,09	92,16	90,25	88,36	86,49	84,64	82,81	81,00	79,21	77,44
3	94,12	91,27	88,47	85,74	83,06	80,44	77,87	75,36	72,90	70,50	68,15
4	92,24	88,53	84,93	81,45	78,07	74,81	71,64	68,57	65,61	62,74	59,97
5	90,39	85,87	81,54	77,38	73,39	69,57	65,91	62,40	59,05	55,84	52,77
6	88,58	83,30	78,28	73,51	68,99	64,70	60,64	56,79	53,14	49,70	46,44
7	86,81	80,80	75,14	69,83	64,85	60,17	55,78	51,68	47,83	44,23	40,87
8	85,08	78,37	72,14	66,34	60,96	55,96	51,32	47,03	43,05	39,37	35,96
9	83,37	76,02	69,25	63,02	57,30	52,04	47,22	42,79	38,74	35,04	31,65
10	81,71	73,74	66,48	59,87	53,86	48,40	43,44	38,94	34,87	31,18	27,85
11	80,07	71,53	63,82	56,88	50,63	45,01	39,96	35,44	31,38	27,75	24,51
12	78,47	69,38	61,27	54,04	47,59	41,86	36,77	32,25	28,24	24,70	21,57
13	76,90	67,30	58,82	51,33	44,74	38,93	33,83	29,35	25,42	21,98	18,98
14	75,36	65,28	56,47	48,77	42,05	36,20	31,12	26,70	22,88	19,56	16,70
15	73,86	63,33	54,21	46,33	39,53	33,67	28,63	24,30	20,59	17,41	14,70
16	72,38	61,43	52,04	44,01	37,16	31,31	26,34	22,11	18,53	15,50	12,93
17	70,93	59,58	49,96	41,81	34,93	29,12	24,23	20,12	16,68	13,79	11,38
18	69,51	57,80	47,96	39,72	32,83	27,08	22,29	18,31	15,01	12,27	10,02
19	68,12	56,06	46,04	37,74	30,86	25,19	20,51	16,66	13,51	10,92	8,81
20	66,76	54,38	44,20	35,85	29,01	23,42	18,87	15,16	12,16	9,72	7,76
21	65,43	52,75	42,43	34,06	27,27	21,78	17,36	13,80	10,94	8,65	6,83
22	64,12	51,17	40,73	32,35	25,63	20,26	15,97	12,56	9,85	7,70	6,01
23	62,83	49,63	39,11	30,74	24,10	18,84	14,69	11,43	8,86	6,85	5,29
24	61,58	48,14	37,54	29,20	22,65	17,52	13,52	10,40	7,98	6,10	4,65
25	60,35	46,70	36,04	27,74	21,29	16,30	12,44	9,46	7,18	5,43	4,09
26	59,14	45,30	34,60	26,35	20,01	15,16	11,44	8,61	6,46	4,83	3,60
27	57,96	43,94	33,21	25,03	18,81	14,09	10,53	7,84	5,81	4,30	3,17
28	56,80	42,62	31,89	23,78	17,68	13,11	9,68	7,13	5,23	3,83	2,79
29	55,66	41,34	30,61	22,59	16,62	12,19	8,91	6,49	4,71	3,41	2,45
30	54,55	40,10	29,39	21,46	15,63	11,34	8,20	5,91	4,24	3,03	2,16

Nehmen wir an, Sie wollen in 30 Jahren in den „wohlverdienten" Ruhestand wechseln. Sie haben ausgerechnet, dass eine monatliche Rente von 2.000 Euro ausreichen wird, um ein sorgenfreies Leben bis ans Ende Ihrer Tage zu genießen. Doch die heutige Kaufkraft von 2.000 Euro wird in 30 Jahren eine andere sein. Deshalb stellen Sie sich die Frage, wie hoch die Rente bei einer durchschnittlichen Inflationsrate von drei Prozent p.a. in 30 Jahren tatsächlich ausfallen muss.

„Wahre Genialität liegt in der Einfachheit", stellte schon Goethe fest. Wenn Sie Ihrem Finanzberater die obige Frage nach der Kaufkraft stellen, wird er in aller Regel seinen Computer befragen, um darauf richtig zu antworten. Dabei lässt sich das allein mit einem Taschenrechner ausrechnen. Sie brauchen nur eine Zahl, genauer den Umrechnungsfaktor, und Sie können Ihre Rente allein ermitteln. Hierzu habe ich Ihnen auf der nächsten Seite eine Tabelle erstellt, die die so wichtige Zahl enthält.

Im konkreten Beispiel sind uns also drei Zahlen bekannt: Die gewünschte Kaufkraft von 2.000 Euro in 30 Jahren und bei einer jährlichen Inflationsrate von drei Prozent. Bitte nehmen Sie nun die Tabelle zur Hand und gehen Sie als Erstes in die 30. Zeile unter der Spalte „X" (X = Jahre bis zur Rente). Dann gehen Sie bitte nach rechts in die zweite Spalte (3 % = Inflationsrate von 3 %). Sie sehen dort die Zahl 2,427. Diese Zahl ist Ihr persönlicher „Inflationsfaktor". Nun rechnen Sie nach dieser Formel:

> *„Geld macht nicht glücklich, aber für Glück bekommt man nichts beim Metzger."*
>
> André Kostolany (1906-1999)
> Investorenlegende

Heutige Kaufkraft x Tabellenfaktor = „Inflationsrente"

Somit ergibt sich folgende Situation:

2.000 Euro x 2,427 = 4.854 Euro

Ihre Rente muss in 30 Jahren 4.854 Euro hoch sein, damit Sie die heutige Kaufkraft von 2.000 Euro behalten! Für die gleichen Anschaffungen und Dienstleistungen, die Sie heute in Anspruch nehmen, muss nach 30 Jahren ein fast zweieinhalbfacher Betrag zur Verfügung stehen.

Rentenberechnung:

X	2 %	3 %	4 %	5 %	6 %	7 %	8 %
1	1,020	1,030	1,040	1,050	1,060	1,070	1,080
2	1,040	1,061	1,082	1,103	1,124	1,145	1,166
3	1,061	1,093	1,125	1,158	1,191	1,225	1,260
4	1,082	1,126	1,170	1,216	1,262	1,311	1,360
5	1,104	1,159	1,217	1,276	1,338	1,403	1,469
6	1,126	1,194	1,265	1,340	1,419	1,501	1,587
7	1,149	1,230	1,316	1,407	1,504	1,606	1,714
8	1,172	1,267	1,369	1,477	1,594	1,718	1,851
9	1,195	1,305	1,423	1,551	1,689	1,838	1,999
10	1,219	1,344	1,480	1,629	1,791	1,967	2,159
11	1,243	1,384	1,539	1,710	1,898	2,105	2,332
12	1,268	1,426	1,601	1,796	2,012	2,252	2,518
13	1,294	1,469	1,665	1,886	2,133	2,410	2,720
14	1,319	1,513	1,732	1,980	2,261	2,579	2,937
15	1,346	1,558	1,801	2,079	2,397	2,795	3,172
16	1,373	1,605	1,873	2,183	2,540	2,952	3,426
17	1,400	1,653	1,948	2,292	2,693	3,159	3,700
18	1,428	1,702	2,026	2,407	2,854	3,380	3,996
19	1,457	1,754	2,107	2,527	3,026	3,617	4,316
20	1,486	1,806	2,191	2,653	3,207	3,870	4,661
21	1,516	1,860	2,279	2,786	3,400	4,141	5,034
22	1,546	1,916	2,370	2,925	3,604	4,430	5,437
23	1,577	1,974	2,465	3,072	3,820	4,741	5,871
24	1,608	2,033	2,563	3,225	4,049	5,072	6,341
25	1,641	2,094	2,666	3,386	4,292	5,427	6,848
26	1,673	2,157	2,772	3,556	4,549	5,807	7,396
27	1,707	2,221	2,883	3,733	4,822	6,214	7,988
28	1,741	2,288	2,999	3,920	5,112	6,649	8,627
29	1,776	2,357	3,119	4,116	5,418	7,114	9,317
30	1,811	2,427	3,243	4,322	5,743	7,612	10,063
31	1,848	2,500	3,373	4,538	6,088	8,145	10,868
32	1,885	2,575	3,508	4,765	6,453	8,715	11,737
33	1,922	2,652	3,648	5,003	6,841	9,325	12,676
34	1,961	2,732	3,794	5,253	7,251	9,978	13,690
35	2,000	2,814	3,946	5,516	7,686	10,677	14,785

Diese Beispielrechnung zeigt deutlich, wie gefährlich es ist, eine „kleine" Inflationsrate von nur drei Prozent nicht ernst zu nehmen. Wer den Ernst der Lage nicht erkennt, wird im Alter von der Sozialhilfe leben.

Wie können Sie der Inflation davonlaufen? Natürlich mit Gold. Es verliert zum einen nie seine Kaufkraft. Zum anderen ist es die Krisenwährung par excellence. Alan Greenspan, der ehemalige Chef der US-amerikanischen Notenbank, sagt dazu:

> *„Gold und wirtschaftliche Freiheit sind untrennbar. Ohne Goldstandard gibt es keine Möglichkeit, Ersparnisse vor der Konfiszierung durch Inflation zu schützen."*

Quo vadis Währung?

Quo vadis Währung?

„Wenn wir sogar noch die Währungsunion versemmeln, wird Deutschland eine hübsche Insel werden, so wie es auch die Schweiz ist."

Prof. Dr.-Ing. Wolfgang Reitzle

Die Einführung des Euro war keine Währungsreform. Sie ist als eine Währungsunion in die Geschichte eingegangen. Dabei wurde die bestehende Kaufkraft der jeweiligen Landeswährung umgerechnet in eine neue Währung. So wurden z. B. aus einer Deutschen Mark 0,51129 Euro. Ein Euro sind demnach 1,9558 Deutsche Mark. So einfach wird es bei einer Währungsreform nicht umzurechnen sein.

„Wenn man einem Menschen trauen kann, erübrigt sich ein Vertrag. Wenn man ihm nicht trauen kann, ist ein Vertrag nutzlos."

Jean Paul Getty (1892–1976)
US-amerikanischer Milliardär

Niemand weiß, wann der Crash kommt. Dass er kommt, davon gehe ich aus. Die Gründe für diese Entwicklung habe ich in diesem Buch ausführlich dargestellt, sodass nun die Frage beantwortet wird, was uns erwartet. Es ist sinnvoll, hierzu einen Blick ins Geschichtsbuch zu werfen, und zwar ins Jahr 1948. In diesem Jahr erhielten wir die Deutsche Mark. Sehr zur Freude einiger Länder. Schon immer war unsere Mark vielen Europäern, insbesondere den Franzosen, ein Dorn im Auge. Sie wollten, dass endlich Schluss ist mit der Währungs-Vormachtstellung der

Deutschen in Europa. Jahrzehnte konnte sich die deutsche Politik tapfer gegen derlei Anfeindungen verteidigen. Doch dann kam der 9. November 1989. Der deutsche Traum der Wiedervereinigung war zum Greifen nahe. Nun mussten nur noch die „befreundeten" europäischen Nachbarn zustimmen, und Deutschland wäre wieder ein Volk und ein Land. Diesen Traum erkauften sich die Deutschen mit der Aufgabe der weltweit geachteten starken D-Mark und der Einführung des Euro. Der luxemburgische Finanzminister Jean-Claude Juncker war einer der Geburtshelfer des Euro. Er war einer der wichtigsten Vermittler zwischen den großen europäischen Nachbarländern. Historisch ist sein Interview mit der *Berliner Zeitung* am Silvesterabend des 31.12.2001. Sie erinnern sich: Dieses war der letzte D-Mark-Tag. Am 1.1.2002 wurde der Euro in zwölf EU-Ländern als offizielles Zahlungsmittel eingeführt. Auf die Frage, ob der Euro der Preis sei, den die Deutschen für ihre Wiedervereinigung zahlen müssten, sagte Juncker[52]:

> *„So würde ich das formulieren. Aber sicherlich haben sich die Franzosen gesagt: Deutschland wird größer, und deswegen muss Deutschland noch mehr in Europa festgemacht werden. Und es muss auch Schluss sein mit der Vormachtstellung der Deutschen Mark. Die Franzosen haben zwar diesen Preis nie ausdrücklich verlangt, aber sie haben die Gesamtkonstruktion so hinbekommen, dass es einfach so war."*

Es wird gebetsmühlenartig behauptet, dass die Europäische Zentralbank laut dem Maastricht-Vertrag völlig unabhängig und allein der Geldwertstabilität verpflichtet sei. Wer aber hat diesen Vertrag ausgearbeitet? Es waren nicht die Banker, sondern Politiker! Wer solche Verträge macht, der hat auch die Macht, sie wieder außer Kraft zu setzen, wenn es die Umstände erfordern sollten. Und genau das ist passiert. Bis Mai 2010 war es undenkbar, dass die EZB Ramschanleihen ankauft. Und jetzt tut sie genau das und behauptet sogar noch, dass diese ihre Entscheidung eigenständig und ohne Druck aus der Politik getroffen worden sei. Wer das glaubt, der glaubt auch noch, dass die Erde eine Scheibe ist. Der Ankauf wertloser Papiere trägt wohl kaum zur Stabilität bei. Das Gegenteil ist der Fall. Durch diesen unsinnigen Schritt ist die Stabilität des gesamten Euro nicht mehr gegeben. Insofern ist der Maastricht-Vertrag heute nicht einmal mehr das Papier wert, auf dem er ausgearbeitet wurde.

Überdies wird übersehen, dass die Mitglieder der Euro-Währungszone souveräne demokratische Staaten sind. Wie also will man einen Staat dazu zwingen, die Kriterien des Maastricht-Vertrages einzuhalten? Mit Waffengewalt oder Krieg? Deshalb dreht die EZB eben nicht den Geldhahn zu, wenn ein Land nur deshalb in die Pleite rutscht, weil es über seine Verhältnisse gelebt hat. Im Übrigen ist alles irgendwie miteinander verbunden und verzahnt. So hatten viele europäische Staaten den Griechen viel Geld geliehen. Im Falle eines griechischen Staatsbankrotts wäre dieses Geld für immer verloren. Somit retten die staatlichen Rettungspakete am Ende nicht Griechenland, sondern allen voran die Banken, die nun keinen Ausfall ihrer Forderungen mehr befürchten müssen.

„Es geht bei der Stärkung der gemeinsamen Währung darum, ob mit der Währungsunion die ganze europäische Idee ins Wanken gerät."

Angela Merkel
Bundeskanzlerin

Hier zeigt sich, dass es munter weitergeht wie bisher. Es bleibt abzuwarten, was Banken wie Politikern als Nächstes einfallen wird, um an das Geld ehrlicher Steuerzahler zu gelangen. Das einzig Tröstliche daran ist, dass dieses ungerechte System irgendwann zusammenstürzen wird wie ein Kartenhaus. Erst dann wird wieder Gerechtigkeit eintreten. Wie ein solcher Crash aussehen könnte, zeigt die Geschichte, hier das Jahr 1948.

Hier sehen Sie, wie die Deutschen vor den Plakaten, die die neue Währung verkündeten, Schlange standen[53]. Fernseher, Internet und Handys gab es damals nicht.

Quelle: Deutsche Fotothek

Deshalb wird es heute viel einfacher und vor allen Dingen schneller gehen mit der Reform, die durchaus auch über Nacht kommen kann. Es war Sonntag, der 20. Juni 1948, als jeder Bewohner der drei Westzonen einen Kopfbetrag von 40 Deutschen Mark gegen 40 Reichsmark erhielt. Zwei Monate später gab es eine zweite Kopfgeldrate von 20 DM. Für alle wiederkehrenden Leistungen wie Löhne, Miete, Pachten oder Renten schrieb das Währungsgesetz einen Umstellungskurs von 1 Reichsmark = 1 Deutsche Mark vor. Nach Medienangaben gab es keine nennenswerten Umstellungsprobleme, was nicht zuletzt auch daran lag, dass bereits in der ersten Woche der Währungsreform rund fünf Milliarden gedruckter Deutschmark im Umlauf waren.

Eine „Geld-Umtauschstelle“ in Hamburg[54]:

In Sachen Geldanlagen sah es düsterer aus. Hier waren die fleißigen Sparer die Dummen. Altgeldguthaben und Barbestände wurden 10:1 umgetauscht. Aus 10 Reichsmark wurde 1 Deutsche Mark. Verbindlichkeiten aus Sichteinlagen inländischer Geldinstitute wurden 100:15 getauscht. 100 Reichsmark ergaben somit nur noch 15 Deutsche Mark. Dadurch erloschen automatisch alle Schul-

„Geld ist ein Mittel, um alles zu haben bis auf einen aufrichtigen Freund, eine uneigennützige Geliebte und eine gute Gesundheit.“

George Bernard Shaw (1856–1950)

den des Staates. Er war somit schuldenfrei und die Geldbesitzer – leider – geldfrei.

Vermögen aus Spar-, Fest- und Giroeinlagen sowie Bausparverträge wurden bis zu einer Höhe von max. 60 Reichsmark 1:1 umgetauscht. Guthaben über 60 Reichsmark wurden 100:6,5 getauscht. Statt 100 Reichsmark besaßen die Sparer nur noch 6,50 Deutsche Mark. Vermögen aus Pfandbriefen und verwandten Schuldverschreibungen, Rentenbriefen, Kommunalschuldverschreibungen sowie alle anderen mündelsicheren Staatsanleihen von bis zu 20.000 Reichsmark wurden bis zum Höchstbetrag von 1.300 Deutsche Mark umgetauscht, also im Verhältnis 100:6,5. Im Bild sehen Sie eine Geldauslieferungsstelle in der Reichsbank in Berlin[55].

ndesarchiv, Bild 183-R1215-506
to: o.Ang. | Oktober 1923

Auch den Kunden von Lebensversicherungen erging es nicht besser. Ihre gesparten Prämienreserven wurden im Verhältnis 100:6,5 umgetauscht. Vermögen von bis zu 20.000 Reichsmark reduzierten sich auf 1.300 Deutsche Mark. Das liest sich schnell. Doch stellen Sie sich einmal vor, jemand hat zehn Jahre in seine Versicherung eingezahlt. So er nach der Währungsreform z. B. 500 Deutsche Mark verdiente, valutierte sein Vermögen in seiner Lebensversicherung bei gerade einmal drei Monatsgehältern. Das ist fast nichts. Doch es sollte noch schlimmer für ihn kommen. Denn wer seine Versicherung trotzdem behielt, musste nach dem 20. Juni 1948 die Versicherungsprämie 1:1 weiterzahlen. Obwohl der Wert seiner Versicherung gegen null tendierte, kassierten die Versicherungsgesellschaften von vormals 100 Reichsmark jetzt 100 Deutsche Mark!

„Gewinner“, so man davon überhaupt sprechen kann, waren die Besitzer von Sachwerten. Hier wurde 1:1 umgerechnet. Somit behielt das Haus seinen Wert, denn aus 100.000 Reichsmark wurden 100.000 Deutsche Mark.
Umtausch 1:1 bei folgenden Sachwerten:

- Immobilien
- Auto
- Hausrat
- Schmuck
- Rohstoffe
- Edelmetalle wie Gold, Silber, Platin
- Unternehmenswerte
- Unternehmensanteile
- Aktien (Bis 1947 fielen deutsche Aktien – Standardwerte – teilweise um bis zu 90 Prozent. Von diesem Schock erholten sich die meisten bis 1955. Dann erreichten sie ihre alten Höchststände.)

Einen Wermutstropfen gab es allerdings. Sachwertbesitzer, z. B. von Immobilien, mussten einen Lastenausgleich zahlen. Basis war der Stichtag 21. Juni 1948. Die Abgabe belief sich auf 50 Prozent des zum Stichtag festgestellten Vermögens. Diese wurde nicht sofort fällig, sondern auf 30 Jahre verteilt. Die Besitzer konnten ihre Schuld bis 1979 in vierteljährlichen Raten begleichen. Das war für die meisten kein

> *„Es stimmt, dass Geld nicht glücklich macht. Allerdings meint man damit das Geld der anderen.“*
>
> George Bernard Shaw (1856–1950)

größeres Problem, weil die Raten meistens aus den Vermögenserträgen und -zuwächsen gezahlt werden konnten. Somit wurde die Substanz nicht angegriffen.

Die derzeitige Krise beendet damit auch die Diskussion, ob der Euro eines Tages zur Leitwährung werden kann und damit den Dollar ablöst. Tatsächlich halten das einige für möglich. Wer einen solchen Unsinn glaubt, hat nie verstanden, wie die Welt des Geldes tatsächlich funktioniert. Bevor die amerikanische Notenbank den Dollar „sterben" lässt, wird noch einiges in der Welt passieren. Immer dann, wenn Krisen drohen, trennt sich die Spreu vom Weizen. Als z. B. am 27. August 2013 der amerikanische Präsident darüber nachdachte, in den syrischen Konflikt mittels Waffen einzugreifen, gab der Euro nach. Der Dollar legte zu. In den Medien hieß es dazu: *„Der Dollar profitiert von seinem Status als sicherer Hafen."* Im Übrigen hatte unter dem Problem der Abwertung auch die sonst so starke DM gelitten.

Abwertungen:

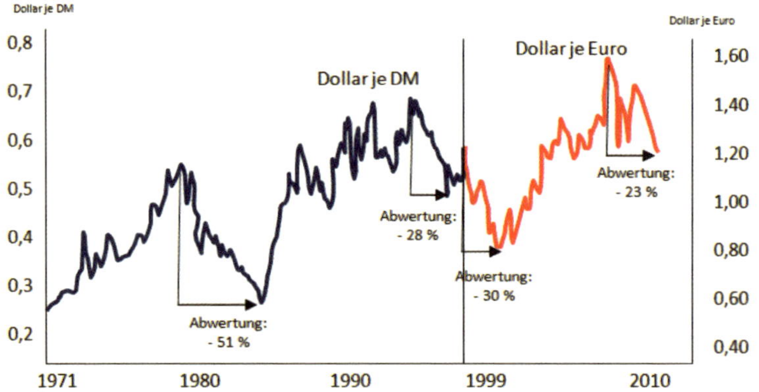

(Quelle: Bloomberg)

Schauen Sie sich bitte den Kursverlauf Dollar im Vergleich zum Euro an. Seit 1972 geht es „bergab" mit dem Dollar, und trotzdem haben wir seit dieser Zeit ein Börsenhoch nach dem anderen erreicht. Skepsis und Vorsicht sind angebracht, Panik nicht.

US-Dollar/Euro

Diese Entwicklung kratzte und kratzt mitnichten am Dollar. Der schlägt sich weiterhin. Um den Königsthron einer Weltwährung besteigen zu dürfen, bedarf es schon einiger weiterer Faktoren, die der Euro sich hart erarbeiten muss, so er es denn überhaupt je schaffen sollte. Die Wirtschaftsgeschichte zeigt, dass noch andere Faktoren eine Rolle spielen, um aus einer „normalen" Währung eine Leitwährung zu machen. Am wichtigsten hierbei ist die Existenz großer und liquider Kapitalmärkte, auf denen ein Großteil öffentlicher Schuldtitel gehandelt wird. An den Rentenmärkten des Euroraums gab es in den letzten Jahren interessante Kursausschläge nach oben, während im gleichen Zeitraum viele amerikanische Wertpapiere mit erheblichen Liquiditätsproblemen zu kämpfen hatten. Doch in der Summe übersteigt der amerikanische Rentenmarkt mit seinen Anleihen aller Art den europäischen bei weitem.

Im internationalen Vergleich liegen Schwellenländer wie China, Indien oder auch Russland bei den Wachstumsraten deutlich vor den

etablierten Industrieländern wie USA, Europa oder Japan. Wachstum allein reicht aber auch nicht aus, um daraus einen Währungsanspruch abzuleiten. Natürlich ist Wachstum wichtig, doch viel wichtiger, als immer nur auf höhere Raten zu schauen, ist die Entwicklungsfähigkeit eines Landes. So kommt es entscheidend auf die Innovation eines Landes an. Gute Ideen zu haben und sie mit Leben zu füllen, ist bedeutend schwieriger, als ein bestehendes Produkt einfach nur zu kopieren, um es dann billiger zu verkaufen. Auch hier haben die „alten“ Industrieländer deutlich mehr Potenzial aufzuweisen als die Schwellenländer. Doch von allen Industrieländern stehen auch hier die USA in Sachen Innovation an vorderster Stelle. Das macht das Land für Investitionen so attraktiv.

Die Amerikaner werden sich also nicht ändern und zunächst so weitermachen wie bisher. Obwohl sie sich jeden Tag um etliche Milliarden weiter verschulden, nimmt ihnen das niemand krumm. Das Gegenteil ist der Fall. Das Land wird auch von anderen Ländern weiterhin mit Krediten auf Dollarbasis versorgt. Das zeigt, wie stark der Dollar trotz aller Schwächen ist.

Die USA stehen mit rund zwei Billionen US-Dollar bei den Chinesen in der Kreide. Zahlreiche Untergangspropheten sehen darin eine tickende Zeitbombe, weil sie glauben, dass China einen Teil dieser Schuldverschreibungen fällig stellen könnte und so die USA zur Zahlung auffordern wird. Das ist natürlich Unfug. Welcher Gläubiger fordert seinen Schuldner zur Zahlung auf in Kenntnis der Lage, dass dieser dadurch zahlungsunfähig wird? Darüber hinaus darf man nicht übersehen, dass gerade die USA ein sehr wichtiger Handelspartner für die Chinesen sind. Schließlich importieren die USA mehr, als sie exportieren. Das heißt, sie kaufen mehr ein, als sie verkaufen. Natürlich auf Schulden, und das vornehmlich im asiatischen Wirtschaftsraum. Dieses Verhalten sorgt in China für das gewaltige Wachstum. Wenn also China nun gewisse Schulden einfordern würde, würde zwangsläufig die chinesische Wirtschaft dramatisch darunter leiden, wenn ihr größter Handelspartner buchstäblich den Bach herunterginge. Also bleibt es, wie es ist. Die Chinesen produzieren kräftig weiter, sammeln wertlose Dollars ein und halten so ein System am Laufen.

> *„Die Erfahrung lässt sich ein furchtbar hohes Schulgeld bezahlen, doch sie ehrt wie niemand sonst.“*
>
> Thomas Carlyle (1795–1881)
> Schottischer Essayist

Das Verhalten der Amerikaner ist übrigens bezeichnend für ein Land, das für sich den Status einer Leitwährung reklamiert. Es muss bereit sein, über einen längeren Zeitraum ein Nettoimporteur zu sein, um damit das Welthandelssystem zu stabilisieren. Ich sehe derzeit kein Land, das es besser könnte als die USA. Zumal die USA ihren Verbündeten auch einen Hauch von Sicherheit garantieren, die in dieser Form von der Eurozone nie erbracht werden könnte. In Ostasien und am Persischen Golf sind die USA die wichtigsten Partner für Sicherheit!

All diese Faktoren machen aus einer „normalen“ Währung eine Leitwährung, und deshalb wird der Dollar, allen Unkenrufen zum Trotz, noch lange nicht untergehen. Anders ausgedrückt: Wenn es

Europa gelingen würde, diese Faktoren zu erfüllen, wäre die Zeit reif für eine neue Leitwährung. Im Falle einer neuen Währung, die mit Sicherheit kommen wird, sehe ich daher auch eher ein Zusammengehen der beiden Volksgemeinschaften Eurozone und USA. Aber den Zeitpunkt hierfür sehe ich noch lange nicht.

Die Qual der Wahl

Die Qual der Wahl

„Es herrscht nun wahrlich das goldene Zeitalter, die meiste Ehre gehört dem Gold, mit Gold verschafft man sich Liebe."

(Ovid, 43 v. Chr. – 17 n. Chr.)

„Lob, ebenso wie Gold und Diamanten, hat Wert nur durch seine Seltenheit."

Samuel Johnson (1709–1784)
Englischer Schriftsteller

Nur die wenigsten investieren in Gold, weil sie sich damit nicht auskennen. Sie haben sich nie damit beschäftigt und glauben auch weiterhin an ihre Berater, die vom Goldkauf abraten, um so ihre auf Papiergeld aufgebauten Kapitalanlagen zu verkaufen. „Kluge" Anleger wissen, dass jeder Berater einen Abschluss braucht. Nur dann erhält er eine Provision. Geldwerte wie Lebensversicherungen, Bausparverträge und Investmentfonds, also alles andere als krisenfeste Anlageformen, bringen bei Vertragsabschluss noch immer die höchsten Provisionen. Deshalb werden sie empfohlen. Widerstehen Sie solchen Versuchen. Überlegen Sie sehr genau, wohin Sie Ihr Geld investieren.

Gold erlebt in Krisenzeiten immer eine Renaissance. Denn im Gegensatz zum Papiergeld lässt sich Gold nicht beliebig vermehren, deshalb ist es so interessant. Schätzungen gehen davon aus, dass in der gesamten Menschheitsgeschichte rund 155.500 Tonnen Gold geschürft wurden[56]. Würde man alles zusammenschmelzen, käme ein Würfel mit nur 20 Metern Kantenlänge heraus. Allerdings lassen sich aus einem Gramm Gold rund drei Kilometer Golddraht herstellen. Experten sind der Meinung, dass in rund 20 Jahren alles Gold der Erde geborgen ist. Danach wird es nie mehr neues Gold geben. Diese eindrucksvolle Erkenntnis wird sicher dazu beitragen, dass der Goldpreis noch stärker steigt.

Rund 18 Prozent der Gesamtmenge des Goldes, ca. 28.600 Tonnen, gehören den Zentralbanken und anderen Institutionen. Die USA sind mit mehr als 8.000 Tonnen der größte Goldbesitzer der Welt, gefolgt von Deutschland. Rund 16 Prozent des Goldes liegen in Form von Barren und Münzen in den Tresoren privater Investoren. Der Rest des Goldes wird industriell verwertet, wie z. B. für Schmuck und Computerchips. Eine Anmerkung am Rande: Schätzungsweise zwei Prozent des gehobenen Goldes sind mittlerweile wieder in den Boden zurückgewandert, und zwar in Form von Eheringen und Goldzähnen Verstorbener.

Gold-Nachfrage:

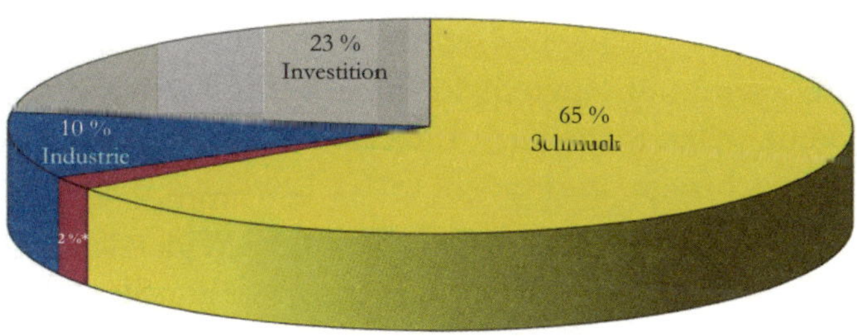

(Quelle: GFMS; Stand 2008; *2 % des Goldes verbraucht die Zahnindustrie)

Seit 1983 ist die Goldnachfrage stärker gestiegen als die Goldminenproduktion. Die Differenz wurde hauptsächlich durch steigende Goldverkäufe der Notenbanken ausgeglichen. Da diese aber nun vermehrt Gold „zurückkaufen“, ist weiterhin mit einem steigenden Goldpreis zu rechnen.

Gold-Nachfrage und „Produktion“:

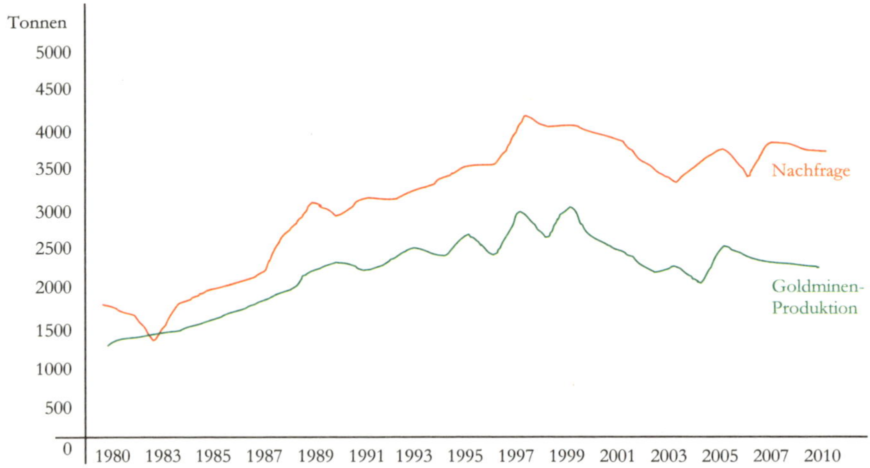

Die Nachfrage wird auf lange Sicht nicht befriedigt werden können. Das liegt nicht zuletzt auch an Indien. Der Subkontinent hat die höchste Goldnachfrage, und das in erster Linie aus religiösen Gründen:

- 80 % der Bevölkerung sind hinduistisch.
- Im Hinduismus verkörpert die Göttin „Lakshmi“ Fruchtbarkeit und Wohlstand.
- Es besteht eine starke Assoziation zwischen Gold und der Göttin.

- In Indien wird aus diesem Grund bei religiösen Festen und bei Hochzeiten Gold verschenkt.
- Von diesen Hochzeiten gibt es in Indien pro Jahr rund 10 Millionen.
- 50 % der indischen Bevölkerung sind 25 Jahre und jünger.
- In ländlichen Gebieten legen die Bauern ihre Ersparnisse vorwiegend in Gold an.

Weil die Erschließung eines neuen Goldvorkommens zwischen fünf und acht Jahre dauert, kann auf steigende Goldpreise nur mit einer Zeitverzögerung reagiert werden. Deshalb bleibt Gold knapp und damit teuer!

Natürlich sollten wir nicht vergessen, dass Gold in Krisenzeiten „glänzt". Die westliche, kapitalistisch geprägte Welt steckt in der Krise, ohne Zweifel. Doch jede Krise geht auch einmal zu Ende, spätestens dann, wenn sich die Staaten entschuldet haben (z. B. durch einen Staatsbankrott). Dann erhebt sich die Frage, wie sich der Goldpreis entwickeln wird. Ein Blick in die Geschichtsbücher zeigt, dass der Goldpreis in „Friedenszeiten" sinkt. Das war bisher so, aber es wird sich nicht wiederholen. Selbst im optimistischen Fall, dass die Krise schon bald vorbei ist, wird sich meiner Meinung nach der Goldpreis nicht wieder auf seine bisherigen Tiefstände einpendeln. Länder wie Indien und China werden dauerhaft Gold nachfragen. Und das ist neu an dieser Entwicklung. Diese Länder hatten früher nicht das Geld und die Möglichkeiten, sich mit Gold einzudecken. Das ist Geschichte. Heute schließen sie mit den Industriestaaten gleichauf. Nur mit dem Unterschied, dass dort rund 2,5 Milliarden Menschen leben, und damit fast ein Drittel der gesamten Weltbevöl-

kerung. Dieses „Volumen“ lässt erahnen, wie viel Gold noch zu liefern ist.

Wie schon erwähnt, hat Gold einen eigenen inneren Wert, der niemals auf null zurückfallen kann. Das ist der Unterschied zu vielen anderen Rohstoffen. So wird uns seit Jahren erzählt, dass Öl endlich ist und die Vorräte kaum noch für 20 Jahre reichen. Ich sehe das anders, was ich an dieser Stelle aber nicht näher ausführen kann. Viel wichtiger ist doch die Frage, warum in Zeiten einer Finanzkrise der Ölpreis um mehr als 70 Prozent gefallen ist.

„Wenn man kein Geld hat, denkt man immer an Geld. Wenn man Geld hat, denkt man nur noch an Geld.“

Jean Paul Getty (1892–1976)
US-amerikanischer Milliardär

Wenn ein Produkt endlich und die Nachfrage höher ist als das Angebot, dann dürfte eine Finanzkrise keinen Einfluss auf die Preisentwicklung haben, zumindest aber nicht in diesem Ausmaß. Das Gleiche gilt doch auch für die Nachfrage nach Medikamenten, Herzschrittmachern, Hüftprothesen, Wundsalben etc. pp. Das alles braucht man doch auch weiterhin, egal ob mit oder ohne Finanzkrise.

Fazit: Wir sollen glauben, dass Öl endlich ist und deshalb der Preis steigt. Tatsache ist aber, dass der Preis deshalb steigt, weil gierige Spekulanten am Werke sind und nichts unversucht lassen, sich auf Kosten anderer zu bereichern. Ich bin mir sicher, dass das beim Gold nicht funktioniert. Zumindest nicht beim physischen. Somit entzieht sich ein Gold-Anleger diesen Spekulanten. Darüber freut sich sein Depot, denn Gold ist:

- nicht vermehrbar
- nur von geringem realem Nutzen für die Wirtschaft
- wegen seiner Schmuckfunktion begehrt
- rostfrei
- leicht zu transportieren

- portionierbar, weil es in allen möglichen Formen zu haben ist
- von der Mehrwertsteuer befreit (bei Silber fallen für Barren 19 Prozent und für Münzen sieben Prozent Mehrwertsteuer an (2013); ab 2014 19 Prozent)
- werthaltig, da es einen eigenen Wert hat, der nie auf null fallen kann (was beim Papiergeld immer wieder passiert)
- vererbbar
- keine Absicherung gegen Preisinflation, sondern eher gegen ein ruiniertes Geldsystem
- für Anleger interessant, die „keine" Spuren hinterlassen wollen, also ihr Vermögen frei von Blicken Dritter anlegen
- auch für Anleger, die Zinserträge erwarten, eine sinnvolle Anlage. Denn Gold hat den Wert- und Kaufkrafterhalt, der die Preissteigerung mehr als ausgleicht. So büßte der US-Dollar seit der Gründung der US-Notenbank im Jahre 1913 über 98 Prozent (!) seiner Kaufkraft ein. Für denselben Gegenwert an Gold könnten Sie heute dagegen das 50-Fache kaufen. Um heute die gleichen Güter zu erwerben, die man 1980 für eine Unze Gold (damaliger Preis 850 US-Dollar) bekommen hätte, müsste man ca. 2.200 US-Dollar bezahlen
- ist nicht der Abgeltungssteuer (in Deutschland nach einem Jahr und einem Tag Haltedauer) unterworfen, wenn der Wert des Goldes steigt.

Die Möglichkeiten, in physisches Gold zu investieren, sind vielfältig. Neben Goldbarren sind Goldmünzen die beliebtesten. Die zehn wichtigsten sind:

- Krügerrand, Südafrika (seit 1967)
- Gold Maple Leaf, Kanada (seit 1979)
- American Gold Eagle, USA (seit 1986)
- Goldnugget bzw. Känguru Nugget, Australien (seit 1987)

- Wiener Philharmoniker, Österreich (seit 1989)
- American Buffalo, USA (seit 2006)
- Lunar Kalender, Australien (1996 bis 2007)
- Panda, China (seit 1982)
- Britannia, Großbritannien (seit 1987)
- Sovereign, Großbritannien
- Tscherwonez, Russland
- 20 Goldmark Wilhelm II., Deutschland

Dabei ist die Krügerrand-Münze die beliebteste Goldanlagemünze der Welt. Kein Wunder! Ist sie doch weltweit die erste Goldanlagemünze, die seit dem ersten Tag ihres Erscheinens im Jahre 1967 in der South African Mint in Pretoria geprägt wird. Sie ist in Südafrika ein legales Zahlungsmittel. Natürlich zahlt damit schon lange niemand mehr. Die Idee zu dieser Münze geht zurück auf die 1960er-Jahre. Der Name *Krügerrand* erinnert dabei an Paul Krüger, der von 1883 bis 1902 Präsident der Südafrikanischen Republik (Transvaal) war. Sein Bildnis und die Springbock-Antilope zieren seither die Seiten der Münze.

Seit der Markteinführung wurde das zweiundzwanzigkarätige Goldstück rund 60 Millionen Mal verkauft. Diese Zahl ist bemerkenswert, denn sie liegt höher als die Verkaufszahlen aller anderen Goldmünzen auf der Welt zusammengenommen. Die Krügerrand-Goldmünze ist ohne Mehrwertsteuer und in der Regel nahe am aktuellen Goldpreis zu erwerben. Mit genau einer Unze ist ein bequemer Vergleich zum Goldpreis möglich. Krügerrand-Münzen sind weltweit bekannt und anerkannt und daher absolut fungibel in puncto „Kauf und Verkauf". Der Krügerrand ist nicht mit Gedenkmünzen vergleichbar, die sich in ihrem Wert nach Katalogpreisen entwickeln. Der Wert entspricht vielmehr immer dem Betrag für eine Unze Gold, reduziert um die Courtage für den Händler von rund fünf Prozent. Mittlerweile gibt es diese Münze in verschiedenen „Stückelungen". Der kleinste Krügerrand ist die 1/10 Unze-Münze.

Zu meinen Goldmünzen aus der „zweiten" Reihe zählen:

- 1 Pfund Sovereign aus Großbritannien
  Sie ist eine der meist geprägten Goldmünzen der Welt. Ihr Goldgehalt beträgt 916,7/1000. Weil sie gegen ein niedriges Aufgeld angeboten wird, ist sie sehr gut stückelbar. Ich kaufe diese Münze nur über den Fachhandel, weil es etliche Fälschungen von ihr gibt.

- Aus Österreich kommt die 100 Kronen Goldmünze.
  Die halbantike Münze ist bei Sammlern sehr begehrt. Ihr Goldgehalt liegt bei 900/1000. Seit 1915 gibt es eine moderne Nachprägung.

- Gold Libertad aus Mexiko
  Höherer Goldgehalt als bei der Sovereign, nämlich 999/1000. Sie ist günstig zu erwerben und lässt sich problemlos weiterverkaufen.

- Ebenfalls aus Mexiko kommt die Centenario mit einem Goldgehalt von 900/1000. Sie wird auch von den Scheideanstalten nahe am Goldwert aufgekauft.

Weitere gute Anlagemünzen sind das Schweizer Vreneli, die Schweizer Helvetia, Cook Islands sowie die französische Goldmünze Marianne & Hahn.

Wenn Sie sich die unterschiedlichen Goldmünzen anschauen, werden Sie schnell sehen, dass es verschiedene Größen gibt, und zwar:

1 oz.

½ oz.

¼ oz.

1/10 oz.

1/20 oz.

Die Abkürzung oz. aus dem englischen Ounce steht für Unze. Diese Bezeichnung kommt aus dem Lateinischen und bedeutet „ein Zwölftel". In Gramm umgerechnet steht 1 oz. für 28,35 Gramm. Aus meiner Sicht sind Krügerrand und die Goldmünze der Wiener Philharmoniker aus Österreich in einem Atemzug zu nennen. Aber auch hier gibt es einen „Größenunterschied". Die Münze der Österreicher misst 37,00 x 2,00 (je oz.).

Grundsätzlich sind Anlagemünzen umsatzsteuerpflichtig, können jedoch unter bestimmten Bedingungen von der Umsatzsteuer befreit werden. Die Befreiung von der Umsatzsteuer gilt jedoch nur für Goldmünzen, und dazu müssen verschiedene Bedingungen erfüllt sein:

- Die Goldmünze muss einen Feingehalt von mindestens 900/1000 aufweisen.
- Die Goldmünze muss nach dem Jahr 1800 geprägt sein.
- Die Goldmünze muss im Herkunftsland als gesetzliches Zahlungsmittel verwendet werden oder verwendet worden sein, und der Verkaufspreis der Goldmünze darf den Offenmarktwert ihres Goldgehaltes nicht mehr als 80 Prozent übersteigen.
- Wenn zwischen Kauf und Verkauf dieser Münze ein Jahr und ein Tag liegen, ist der Gewinn abgeltungssteuerfrei (in

Deutschland). Für Gewinne aus Verkäufen innerhalb des ersten Jahres gibt es eine Freigrenze von 600 Euro. Wird diese Grenze überschritten, muss der gesamte Gewinn versteuert werden und nicht etwa nur der Differenzbetrag.

Wir haben in unserem Edelmetalldepot des Deutschen Edelmetallhauses die Entscheidung getroffen, nur mit Goldbarren zu „arbeiten“. Der Laie schreckt vor diesem Begriff zurück, weil er fälschlicherweise davon ausgeht, dass es nur den einen „dicken“ Barren gibt. Das ist falsch. Es gibt sie in unterschiedlichen Größen:

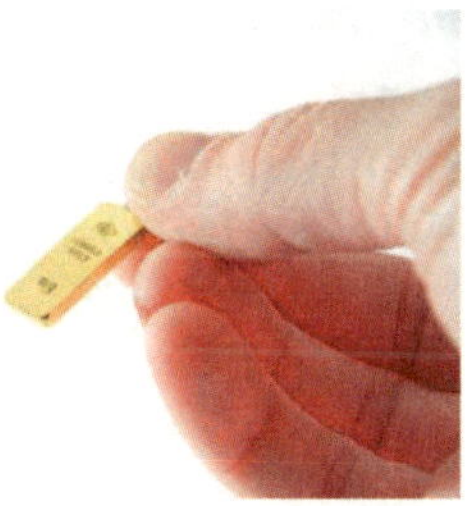

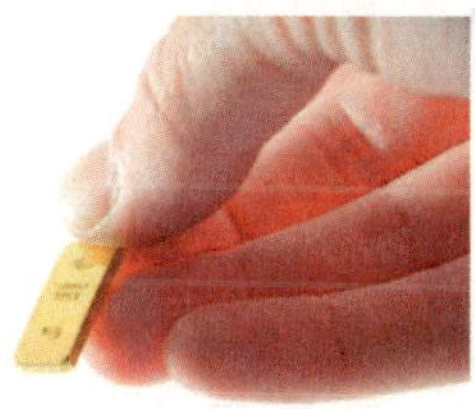

Angeboten werden Goldbarren inzwischen in mehreren „Gewichtsklassen“:

Gramm	Gramm
1	31,1035
2	50
2,5	100
5	250
10	500
20	1.000

Zum Zeitpunkt der Drucklegung dieses Buches zahlten Sie für einen ein Gramm schweren (leichten) Goldbarren rund 38 Euro, für ein

Kilo (1000 Gramm) rund 34.000 Euro. Es lohnt sich also, „groß“ einzukaufen, weil es auf das Gramm umgerechnet billiger wird.

Deshalb ist es auch töricht, nicht in Gold investiert zu sein. Experten, mich eingeschlossen, empfehlen genau das. Das bringt Gewinn. So sagt z. B. Uwe Bergold, CEO der GR Asset Management (Fondsadvisor Bankhaus Sal. Oppenheim)[57]:

„Ich halte einen Preisanstieg auf 5.000 US-Dollar je Unze auf Sicht von fünf bis zehn Jahren für möglich.“

Deshalb gilt:

VerGOLDen Sie Ihre Zukunft – mit Sicherheit!

Die Straße im Blick

Die Straße im Blick

„Ich denke viel an die Zukunft, weil das der Ort ist, wo ich den Rest meines Lebens verbringen werde.“

Woody Allen

In der Geschichte „Momo“ von Michael Ende ist von Beppo, einem Straßenkehrer, die Rede. Wenn Beppo, der in Wahrheit einen anderen Nachnamen trug, so die Straßen kehrte, tat er es langsam, aber stetig: bei jedem Schritt ein Atemzug und bei jedem Atemzug ein Besenstrich[58]. Schritt – Atemzug – Besenstrich. Schritt – Atemzug – Besenstrich. Dazwischen blieb er manchmal ein Weilchen stehen und blickte nachdenklich vor sich hin. Und dann ging er weiter – Schritt – Atemzug – Besenstrich. Während er sich so dahin bewegte, vor sich die schmutzige Straße und hinter sich die saubere, kamen ihm oft große Gedanken, aber es waren Gedanken ohne Worte. Nach der Arbeit, wenn Beppo bei Momo saß, erklärte er ihr seine großen Gedanken. Und da sie auf besondere Art zuhörte, löste sich seine Zunge und er fand die richtigen Worte. *„Siehst du, Momo“*, sagte er, *„es ist so: Manchmal hat man eine sehr lange Straße vor sich. Man denkt, die ist so schrecklich lang; das kann man niemals schaffen, denkt man. So darf man es nicht machen. Man darf nie an die ganze Straße auf einmal denken. Man muss nur an den nächsten Schritt denken, an den nächsten Atemzug, an den nächsten Besenstrich. Und immer wieder*

nur an den nächsten.“ Wieder hielt er inne und sagte dann: *„Auf einmal merkt man, dass man Schritt für Schritt die ganze Straße gemacht hat. Man hat es gar nicht gemerkt, und man ist nicht außer Puste.“* Er nickte vor sich hin und sagte abschließend: *„Das ist wichtig.“*

Ich mag diese Geschichte, weil sie im Kern das ausdrückt, worum es mir in diesem Buch gegangen ist. Beppo sagt, dass man nie an die ganze Straße auf einmal denken darf. Dann erscheint seine Aufgabe, diese zu kehren, viel zu groß, zu langatmig, ja fast schon übermenschlich. Mit der Geldanlage verhält es sich ähnlich. Wer als junger Mensch vor der Aufgabe steht, fürs Alter vorzusorgen, und auf die Summe schaut, die am Ende eines arbeitsreichen Lebens stehen muss, damit die Rente zum Leben reicht, verliert unter diesen Bedingungen die Lust am Sparen. Wer hingegen mit kleinen Summen beginnt und so den Cost-Average-Effekt nutzt, merkt so gut wie gar nicht, dass er Schritt für Schritt ein Vermögen aufbaut. Dann ergeht es ihm wie Beppo, der erkennt, dass auf einmal die gesamte Straße gekehrt ist. Im Falle des Sparers ist so eines Tages eine gewaltige Summe gespart. Der eine oder andere mag sich beim Lesen die Frage gestellt haben, warum ich an einigen Stellen sehr in die Tiefe gegangen bin, um die Situation zu beschreiben. Sehen Sie mir dieses Verhalten bitte nach, zumal ich keinesfalls Ihre Intelligenz beleidigen möchte. Doch hat mich eine Studie erschreckt, die im Sommer 2013 veröffentlicht wurde. Eine Umfrage der Ipsos Marktforschung ergab, dass jeder zweite Bundesbürger (53 Prozent) sich selbst als „finanziellen Analphabeten“ sieht[59]. Mit diesem Ergebnis steht Deutschland an letzter Stelle von zwölf europäischen Ländern, deren Bürger ebenfalls befragt wurden. 78 Prozent der Deutschen fordern, dass finanzielle Bildung in der Schule vermittelt werden sollte. Deshalb war es mir wichtig, die Zusammenhänge zu erklären, damit Sie sich als Leser ein noch besseres Bild von den Umständen machen können.

„Der Mensch hat das Warten verlernt, darin liegt das Grundübel unserer Zeit.“

William Somerset Maugham
Engl. Erzähler (1874-1965)

In aller Bescheidenheit: Mit diesem Buch will ich meinen Teil zu mehr finanzieller Bildung leisten. Ich hätte schon viel eher damit anfangen sollen. Denn die Finanz- und Schuldenkrise, die die Welt seit Jahren in Atem hält, ist letztlich mitnichten nur ein Ergebnis, das auf Gier und Verantwortungslosigkeit zurückzuführen ist, sondern auch auf fehlendes Wissen der Anleger. Wenn jeder zweite Deutsche so gut wie keine Ahnung von Finanzprodukten hat, muss er sich auf den Rat anderer verlassen. Wenn die es mit der Ehrlichkeit nicht so genau nehmen, zahlen am Ende die Rat suchenden Laien die Zeche.

Dass ich als Edelmetallhändler meinen Fokus auf das Sonnenmetall „Gold“ lege, dient ausschließlich der materiellen Sicherheit. Wenn Sie das Buch bis zu dieser Stelle gelesen haben, dann wissen Sie, dass ein auf Papiergeld aufgebautes Währungssystem ohne Goldbindung nicht überleben kann. Seit es diese Goldbindung nicht mehr gibt, erleben wir so etwas wie „Fiat Money“. „Fiat lux“ heißt übersetzt „es werde Licht“. Fiat Money steht für „es werde Geld“, eine Ansage, die Papiergelddrucker anzuwerfen, und genau das geschieht weltweit. Nur beispielhaft seien an dieser Stelle die USA erwähnt. 1981 lagen dort die Staatsschulden noch unter einer Billion US-Dollar. 2013 waren es bereits 16,7 Billionen US-Dollar. Tendenz steigend. Nur durch eine jährliche Anpassung und damit eine Ausweitung der Schuldenobergrenze wird der Staatsbankrott vermieden. Müßig zu erwähnen, wie es rund um den Globus zugehen wird, wenn den USA die finanzielle Puste ausgeht.

An Ihnen liegt es nun, das Wissen aus diesem Buch anzuwenden. Am besten sofort, gerade weil niemand weiß, was die Zukunft bringt.

Meine besten Wünsche begleiten Sie.

Was noch zu sagen ist

Über den Autor

Mao Lal

Der Edelmetallexperte Mao Lal wurde Anfang der 1970er-Jahre in West-Berlin geboren. Nach seiner Ausbildung zum Restaurantfachmann im elterlichen Betrieb trat er in die Bundeswehr ein, der er bis heute angehört. Durch zahlreiche Ausbildungs- und Studiengänge übernahm er verschiedene Positionen: Gruppenführer, Zugführer sowie Scharfschützenschießlehrer. Zudem ließ er sich zum Betriebswirt mit Zentralfach Controlling ausbilden. Als Offizier der Luftwaffe nahm er des Öfteren an Einsätzen im Ausland teil.

Geld wie Gold, das war schon immer ein Thema, mit dem sich Mao Lal zu allen Zeiten auseinandersetzte. Natürlich ahnte er bereits Ende der 1990er-Jahre, dass ein auf Zinsen aufgebautes Währungssystem kollabieren müsse. Die Frage war und ist für ihn nicht ob, sondern nur wann. Die Schuldensituation der Länder sowie die Einheitswährung Euro werden diese Entwicklung leider noch beschleunigen. Für Mao Lal bestätigt sich einmal mehr, dass nur Gold echtes Geld ist. Zudem ist es die einzige Währung, die in allen Ländern der Welt akzeptiert wird.

Um Anlegern den Erwerb von Gold zu vereinfachen, gründete er 2003 das Deutsche Edelmetallhaus mit Sitz in Köln. 2013 wurde es umfirmiert in Deutsches Edelmetallhaus GmbH. Darüber hinaus möchte der ausgewiesene Experte für das Sonnenmetall mit diesem Buch noch mehr Menschen die Situation an den Finanzmärkten vor Augen führen. Getreu dem Motto *„Informationen schaden nur dem, der sie nicht hat“*, legt er in diesem Buch seine Sicht der Dinge dar. Dabei will er keinesfalls den sprichwörtlichen Teufel an die Wand malen, sondern sich als Mahner verstanden wissen, der den Leser auffordert, zu handeln, bevor es zu spät ist.

Danksagung

„Es sind die Begegnungen mit Menschen, die das Leben lebenswert machen."

Guy de Maupassant

Auch wenn nur ein Name auf diesem Buch steht, so sind es im engeren Sinne doch weitaus mehr. Um ein Buch zu schreiben, braucht es viele Unterstützer, ohne die ein solch großartiges Projekt gar nicht möglich wäre. Bei ihnen möchte ich mich an dieser Stelle ganz herzlich bedanken.

Mein besonderer Dank gilt meiner Familie, meinen Freunden, meinen Geschäftspartnern sowie allen Kunden und Mitarbeitern des Deutschen Edelmetallhauses.

Ein ganz besonderer Dank gilt meiner Frau Ines und meinem Sohn Diego, meiner Mama und meinem Papa, meiner Schwester Manju und meinem Schwager Dirk, meinen Neffen Paul und Anton und meiner Nichte Lara sowie meinem Freund, Lebensberater und Geschäftspartner Ali Gharib. Des Weiteren danke ich meinen Mentoren und Trainern Marc M. Galal und Dr. Stefan Frädrich und auch Armin Zedler, der das wunderschöne Foto auf der Rückseite dieses Buches erstellt hat.

Natürlich dürfen auch meine langjährigen Freunde und Freundinnen nicht fehlen: Emrah Belim, Dirk Kugel, Cengiz Izgi, Dr. Ergun Cay,

Medet Silfeler, Sebastian Liepelt, Ferhat Erdem, Tino Schunke, Dirk Meyer, Dominik Osterfeld, Michael Tippner, Ralf Birkenbusch, Philipp Földi, Steve Schmidt, Tim Ratajczak, Sven Plauschinat, Michael Bauer, Haydar Kizay, Sandra Wegner, Jörg Lorbach, Nils Lebioda, Thomas Rizzuti, Sascha Schild, Marco Schröder, Sascha Senft, Thomas Scholz, Tobias Steike, Tobias Meßinger, Enrico Rudi Tokar, Daniel Jolk, Daniela Spengler, Kurt Gedick, Daniel Wieland, Marina Frieß, Frank Reiss, Kay Nissen, Christian Sauerbier sowie Jaqueline Damm.

Allen Angehörigen der Bundeswehr, mit denen ich dienen durfte/ noch diene und die zu meinem Freundeskreis gehören, sowie den Angehörigen der Polizei, mit denen ich zusammenarbeiten durfte und die ebenfalls zu meinem Freundeskreis gehören, möchte ich ebenfalls ganz herzlich danken.

Schön, dass es euch gibt.

Hinweis

Die Ausführungen in diesem Buch dienen ausschließlich der persönlichen Weiterbildung unserer Leser in Fragen der privaten Vermögensbildung. Es beinhaltet keine Anlageempfehlung für bestimmte Finanzprodukte oder Vermögensgegenstände. Aus diesem Grund ist jede direkte oder indirekte Inanspruchnahme von Regress oder Gewährleistung ausgeschlossen. Das gilt im Besonderen für Fälle, in denen Personen die in diesem Buch vorgestellten Anlagesituationen nachbilden. Alle Beispiele, Berechnungen und Anlagesituationen stellen in keiner Weise einen Aufruf zur individuellen oder allgemeinen Nachbildung, auch nicht stillschweigend, dar. Die hier erwähnten Investitionsmöglichkeiten und Anlageprodukte stellen keine Aufforderung von Kauf oder Verkauf dar. Eine Haftung für mittelbare und unmittelbare Folgen der veröffentlichen Inhalte sind somit ausgeschlossen. Alle Personen, die aufgrund der in diesem Buch veröffentlichten Inhalte Anlageentscheidungen treffen bzw. Transaktionen durchführen, handeln vollständig in eigener Verantwortung und auf eigene Gefahr.

Grundsätzlich gilt, dass jede Geldanlage immer mit hohen Risiken verbunden ist.

Jeder Anleger, auch die Leser dieses Buches, handeln auf eigene Gefahr. Jede Form der Geldanlage (Aktien, Optionsscheine, Handel mit derivativen Finanzprodukten, Investmentfonds, Edelmetallen, Versicherungen) beinhaltet das Risiko hoher Wertverluste bis hin zum Totalverlust.

Wir weisen ausdrücklich darauf hin, dass Anleger nur dann eigenverantwortlich eine Anlageentscheidung treffen sollten, wenn sie über eingehende Kenntnisse der Materie verfügen.

Quellenverzeichnis

[1] NWZ; 29.08.2013; Partnerschaft wichtig für „Generation Mitte“
[2] Tacitus: Germania. Lateinisch-deutsch; ISBN 978-3150093917; Seite11;
[3] de.wikipedia.org/wiki/Roland_Leuschel
[4] www.t-online.de/wirtschaft/boerse/aktien/id_65041870/interview-mit-boersenexperte-roland-leuschel.html
[5] www.bild.de/politik/inland/griechenland-krise/bild-sagt-nein-teil-1-22854592.bild.html
[6] www.ardmediathek.de/das-erste/guenther-jauch/denkzettel-statt-stimmzettel-wozu-noch-waehlen?documentId=16756306
[7] www.spiegel.de/wirtschaft/soziales/griechenland-koennte-laut-schaeuble-elf-milliarden-brauchen-a-919004.html
[8] www.bild.de/geld/wirtschaft/griechenland-krise/griechenland-braucht-neue-milliarden-32021334.bild.html
[9] www.faz.net/aktuell/wirtschaft/europas-schuldenkrise/nach-geheimtreffen-zu-griechenland-juncker-nach-falschen-dementis-in-der-kritik-1641525.html
[10] diepresse.com/home/wirtschaft/eurokrise/1335097/Junckers-beste-Zitate_Wenn-es-ernst-wird-muss-man-luegen?gal=1335097&index=2&direct=&_vl_backlink=&popup=
[11] www.focus.de/finanzen/news/banken-ein-haendler-loeste-dramatischen-us-boersencrash-aus_aid_558322.html
[12] http://www.handelsblatt.com/technologie/das-technologie-update/tagesfrage/aktien-anleihen-oder-gold-wo-liess-sich-inzehn-jahren-die-hoechste-rendite-erzielen/8498316.html
[13] http://de.wikipedia.org/wiki/Marc_Faber
[14] http://www.fondsprofessionell.de/news/news-products/nid/marc-faber-quotich-kaufe-jeden-monat-gold-und-ich-kaufe-mehr-davonquot/nsuchbegriff/faber/nsort/1/nsortiermethode/desc/nsuche/1/gid/1009848/
[15] http://de.wikipedia.org/wiki/Goldverbot
[16] http://www.fondsprofessionell.de/news/news-products/nsuchbegriff/faber/nsort/1/nsortiermethode/desc/nsuche/1/
[17] http://www.ariva.de/umlaufrendite-de-oeffentliche-hand-index/historische_kurse?month=2012-01-31&secu=253194
[18] http://commons.wikimedia.org/wiki/File:Bundesarchiv_Bild_102-00104,_Inflation,_Tapezieren_mit_Geldscheinen.jpg?uselang=de
[19] http://de.wikipedia.org/wiki/Deutsches_Geld
[20] World Gold Council
[21] http://www.handelsblatt.com/unternehmen/industrie/handelsblatt-analyse-welche-dax-konzerne-die-hoechsten-schulden-haben/3952222.html?slp=false&p=8&a=false#image
[22] http://www.test.de/Girokonto-Die-Abzocke-mit-den-Dispozinsen-4590217-0
[23] http://www.wa.de/nachrichten/wirtschaft-finanzen/stiftung-warentest-kritisiert-dispozins-abzocke-zr-3067389.html
[24] http://www.markt-daten.de/charts/zinsen/staatsanleihen-eu.htm#deutschland
[25] http://www.eltern.de/kinderwunsch/familienplanung/zum-glueck-familie-studie.html
[26] NWZ; 21.08.2013; Schulden der Kommunen steigen weiter
[27] Der Spiegel Nr. 5/2009; 26.01.2009; Titelstory: „Irgendwann ist Zahltag“, S. 50, 2. Spalte
[28] NWZ; 16.08.2013; Nicht aus guten Verträgen drängen lassen
[29] http://www.cducsu.de/Titel__kontrolle_der_kontrolleure/TabID__1/SubTabID__5/InhaltTypID__4/InhaltID__20827/inhalte.aspx
[30] http://marder-info.eu/heimische-arten/iltis/
[31] http://de.statista.com/statistik/daten/studie/168461/umfrage/ueberschussbeteiligung-der-lebensversicherer-seit-1995/
[32] http://www.badische-zeitung.de/wirtschaft-3/die-rendite-rinnt-dahin--59310544.html
[33] www.t-online.de/wirtschaft/altersvorsorge/id_63268372/sid_42308550/si_0/map-report-2013-deutsche-lebensversicherer-im-vergleich.html
[34] http://www.welt.de/print/welt_kompakt/print_wirtschaft/article119451792/Versicherer-in-Geldnot.html
[35] http://www.fondsprofessionell.de/news/news-products/nid/niedrige-zinsen-bundesregierung-gibt-keine-entwarnung-fuer-assekuranz/gid/1011403/ref/2/
[36] Bild-Zeitung; 6.4.2009; Map-Report
[37] http://www.wiwo.de/finanzen/vorsorge/neue-policen-was-lebensversicherungen-ohne-garantiezins-taugen/8550932.html
[38] Der Spiegel Nr. 21/1986; Vorn aufbauen, hinten einreißen; S. 83–91a (online).
[39] http://de.statista.com/statistik/daten/studie/150565/umfrage/privatinsolvenzen-in-deutschland-seit-2000/
[40] http://ef-magazin.de/2012/10/26/3794-gold-gegen-falschgeld-wolfgang-muenchaus-maerchenstunde-bei-spiegel-online
[41] http://www.handelsblatt.com/politik/deutschland/die-wahre-schuldenlast-deutschlands-grosse-luege/4654530.html
[42] http://www.stiftung-marktwirtschaft.de/fileadmin/user_upload/Pressemitteilungen/2012/PK_Generationenbilanz_Update2012_Folien.pdf
[43] http://www.diw.de/documents/publikationen/73/diw_01.c.364647.de/10-50.pdf
[44] http://www.morgenpost.de/wirtschaft/article106633599/Deutschlands-heimlicher-Schuldenberg-in-Billionenhoehe.html
[45] www.stiftung-marktwirtschaft.de/fileadmin/user_upload/Pressemitteilungen/2012/PM_Ehrbare-Staaten_Internationaler-Vergleich_06_12_2012.pdf
[46] Stern; 2.04.2009; Interview mit Peer Steinbrück
[47] Bild am Sonntag; 09.05.2010
[48] http://www.faz.net/aktuell/finanzen/devisen-rohstoffe/thomas-mayer-im-interview-gold-wird-zu-einer-globalen-parallelwaehrung-12009635.html
[49] usdebt.kleptocracy.us (Abruf Juli 2013)
[50] http://www.fondsprofessionell.de/news/news-products/nid/volkswirt-polleit-wie-es-mit-oel-und-gold-weitergeht/gid/1011379/ref/2/
[51] http://www.t-online.de/wirtschaft/unternehmen/id_64812254/studie-zinstief-kostet-deutsche-sparer-milliarden.html
[52] Berliner Zeitung; 31.12.2001
[53] http://de.wikipedia.org/wiki/W%C3%A4hrungsreform_1948_(Westdeutschland)
[54] http://de.wikipedia.org/wiki/W%C3%A4hrungsreform_1948_(Westdeutschland)
[55] http://commons.wikimedia.org/wiki/File:Bundesarchiv_Bild_183-R1215-506,_Berlin,_Reichsbank,_Geldauflieferungsstelle.jpg
[56] Die Welt, 13.5.06
[57] Fonds Exklusiv 4/2009
[58] http://www.giessener-zeitung.de/lollar/beitrag/54691/qmacht-es-wie-beppo-der-strassenkehrerq
[59] https://www.ing-diba.de/ueber-uns/wissenswert/finanzbildung/
Quellenangabe zur Studie im Text auf der Rückseite des Buches: www.ruv.de/de/presse/r_v_infocenter/studien/aengste-der-deutschen.jsp
Seite 33: www.focus.de/politik/deutschland/profile-sprueche_aid_642381.html;